365 HISTÓRIAS bíblicas narradas com carinho

Ciranda Cultural

CB034007

Dados Internacionais de Catalogação na Publicação (CIP) de acordo com ISBD

C578t	Ciranda Cultural
	365 histórias bíblicas narradas com carinho / Ciranda Cultural ; adaptado por Manoel de Jesus Oliveira Silva, Ana Paula Aragão ; ilustrado por Jo Parry, Sanjay Dhiman. – Jandira, SP : Ciranda Cultural, 2021.
	368 p. : il. ; 15,5cm x 22,6cm.
	ISBN: 978-65-5500-776-3
	1. Literatura infantil. 2. Bíblia. 3. Histórias bíblicas. I. Silva, Manoel de Jesus Oliveira. II. Aragão, Ana Paula. III. Parry, Jo. IV. Dhiman.
2021-1923	CDD 028.5 CDU 82-93

Elaborado por Vagner Rodolfo da Silva - CRB-8/9410

Índice para catálogo sistemático:
1. Literatura infantil 028.5
2. Literatura infantil 82-93

© 2021 Ciranda Cultural Editora e Distribuidora Ltda.
Produção: Ciranda Cultural
Projeto gráfico: Imaginare Studio
Ilustrações da capa: Jo Parry e Sanjay Dhiman
Adaptação textual: Manoel de Jesus Oliveira Silva (Antigo Testamento)
e Ana Paula Aragão (Novo Testamento)
Esta adaptação está de acordo com A Bíblia Sagrada: nova tradução na linguagem
de hoje (1ª edição, 2000), publicada pela Sociedade Bíblica do Brasil; e com a
Bíblia Sagrada, traduzida em português por João Ferreira
de Almeida (7ª edição, 2006), publicada pela Imprensa Bíblica Brasileira.

1ª Edição em 2021
4ª Impressão em 2025
www.cirandacultural.com.br
Todos os direitos reservados. Nenhuma parte desta publicação pode ser reproduzida,
arquivada em sistema de busca ou transmitida por qualquer meio, seja ele eletrônico, fo-
tocópia, gravação ou outros, sem prévia autorização do detentor dos direitos, e não pode
circular encadernada ou encapada de maneira distinta daquela em que foi publicada, ou
sem que as mesmas condições sejam impostas aos compradores subsequentes.

365 HISTÓRIAS bíblicas narradas com carinho

01 janeiro

A CRIAÇÃO – PRIMEIRO AO TERCEIRO DIA

Gênesis 1, 1-13

Antes da criação do mundo, não existia nada. Deus fez o mundo assim: no primeiro dia, fez o dia e a noite; no segundo dia, fez o céu azul; no terceiro dia, Deus fez o mar e a terra seca, e na terra colocou plantas e árvores frutíferas.

Deus ficou feliz com tudo o que fez.

02 janeiro

A CRIAÇÃO – QUARTO AO SEXTO DIA

Gênesis 1, 14-26; 2, 1-3

No quarto dia, Deus fez o Sol, a Lua e as estrelas. O Sol para brilhar de dia, a Lua e as estrelas para iluminarem a noite.

No quinto dia, Ele fez os pássaros que voam no céu e os peixes que nadam no mar.

No sexto dia, Deus fez todos os animais que vivem na terra: os da floresta e os de estimação.

Deus ficou muito feliz com tudo o que fez.

03 janeiro

A CRIAÇÃO DO HOMEM

Gênesis 2, 4-7

Deus criou também alguém muito especial: o homem!

O homem foi feito do pó da terra. Então, Deus soprou em seu nariz e ele ganhou vida.

Deus fez um lindo jardim, chamado Éden, e o homem, chamado Adão, morou lá para cuidar do jardim.

Ao ver que tudo o que havia feito era bom, Deus descansou no sétimo dia.

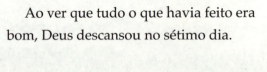

04 janeiro

A CRIAÇÃO DA MULHER

Gênesis 2, 18-25

Deus não queria ver o homem sozinho, por isso, ainda no sexto dia, teve uma ideia: fez o homem dormir, tirou uma de suas costelas e criou a mulher para ser sua companheira, e a chamou Eva.

05 janeiro

A QUEDA DO HOMEM

Gênesis 3, 1-24

Adão e Eva viviam felizes no Jardim do Éden, e podiam comer todos os frutos das árvores que estavam ali. Então, Deus disse a eles:

– Vocês só não podem comer o fruto daquela árvore, lá do meio do jardim.

De repente, surgiu uma serpente que disse para Eva:

– Olhe que fruto gostoso! Por que você vai obedecer a Deus?

Eva pegou o fruto, mordeu-o e deu para Adão, que também o comeu.

Assim, por causa de sua desobediência, Adão e Eva não puderam mais morar no Jardim do Éden. E, na entrada do jardim, Deus colocou anjos e uma espada, que dava voltas pelo caminho, para que eles não se aproximassem mais dali.

06 janeiro

ABEL E CAIM

Gênesis 4, 1-16

Abel e Caim eram filhos de Adão e Eva. Caim, o mais velho, era agricultor, e Abel, o mais novo, era pastor de ovelhas.

Certo dia, Caim colheu alguns frutos da terra e ofereceu a Deus. Abel pegou o primeiro carneirinho nascido no seu rebanho e ofereceu a Deus.

Abel confiava em Deus, por isso Ele ficou feliz com a oferta. Mas Caim tinha maldade em seu coração e teve inveja do irmão. Então, ele chamou Abel para irem até o campo. Quando chegaram lá, Caim matou Abel.

Depois disso, Caim foi embora de sua terra e não pôde mais plantar.

07 janeiro

O INÍCIO DA MALDADE HUMANA

Gênesis 6, 1-9

O tempo foi passando, e na Terra as famílias começaram a aumentar.

Deus viu que muitas pessoas eram desobedientes e faziam coisas ruins. Mas havia um homem que amava a Deus e era obediente. Ele se chamava Noé.

08 janeiro

DEUS ANUNCIA O DILÚVIO

Gênesis 6, 11-22

Noé tinha três filhos: Sem, Cam e Jafé. Noé e sua família amavam e obedeciam a Deus. Mas todas as outras pessoas faziam coisas ruins e não amavam a Deus.

Um dia, Deus disse a Noé:

– Construa uma grande arca porque vou mandar um dilúvio para inundar toda a Terra. Vou cobrir a Terra com uma chuva forte e intensa.

Então, Noé começou a construir a grande arca e fez tudo o que Deus havia lhe dito.

09 janeiro

NOÉ E SUA ARCA

Gênesis 7, 1-24

Noé construiu a grande arca, e Deus falou a ele:

– Noé, você, sua mulher, seus filhos e as mulheres de seus filhos devem entrar na arca. Leve também para dentro dela um macho e uma fêmea de cada animal que eu criei. Leve comida para você, sua família e os animais.

Quando a arca estava pronta, todos entraram e Deus fechou a porta. E choveu durante 40 dias e 40 noites.

10 janeiro

DEPOIS DE 40 DIAS DE CHUVA

Gênesis 8, 1-12

Depois de 40 dias, parou de chover, e pouco a pouco a água foi baixando. A arca parou em cima dos montes de Ararate. Então, Noé abriu a janela e soltou um corvo, para que esperasse a terra secar. Em seguida, Noé soltou uma pomba, e ela voltou, porque a terra ainda estava inundada. Ele esperou sete dias e soltou a pomba de novo, que voltou com uma folha de oliveira no bico. Assim, Noé soube que a água havia baixado. E, pela última vez, Noé soltou a pomba, mas ela não voltou.

11 janeiro

NOÉ AGRADECE A DEUS

Gênesis 8, 13-22; 9, 1-17

As águas que cobriram a Terra secaram, e Deus disse a Noé:

— Saia da arca com sua mulher, seus filhos e as mulheres de seus filhos. Tire também todos os animais.

Noé ficou muito agradecido a Deus por ele e sua família terem sido salvos e fez uma oferta sobre o altar que tinha construído.

Deus abençoou a família de Noé e prometeu que nunca mais destruiria a Terra com um dilúvio. Como sinal dessa promessa, Ele colocou o arco-íris no céu. Assim, sempre que chover e o arco-íris surgir no céu, as pessoas vão lembrar-se da promessa de Deus.

12 janeiro

A TORRE DE BABEL

Gênesis 11, 1-9

Naquele tempo, todos falavam a mesma língua. Então, os homens pensaram em construir uma torre que chegasse até o céu, pois queriam que seus nomes ficassem conhecidos e que fossem espalhados pela Terra toda. Depois de juntar os materiais, a construção começou.

Deus viu que os homens estavam agindo de maneira errada e ficou triste. Por isso, Ele fez com que todos falassem línguas diferentes, assim, um não entendia o que o outro falava.

Depois disso, os homens pararam a construção da torre e foram espalhados por toda a Terra, e aquele lugar recebeu o nome de Babel.

13 janeiro

DEUS FAZ PROMESSAS A ABRÃO

Gênesis 12, 1-9

Certo dia, Deus disse a Abrão:

– Saia da sua terra com a sua família e lhe mostrarei onde você vai morar.

Então, Abrão foi embora de onde vivia, levando consigo a sua mulher, Sarai e o seu sobrinho, Ló, tudo o que tinha e também os empregados.

Abrão amava a Deus e, por causa dele, todas as famílias da Terra foram abençoadas.

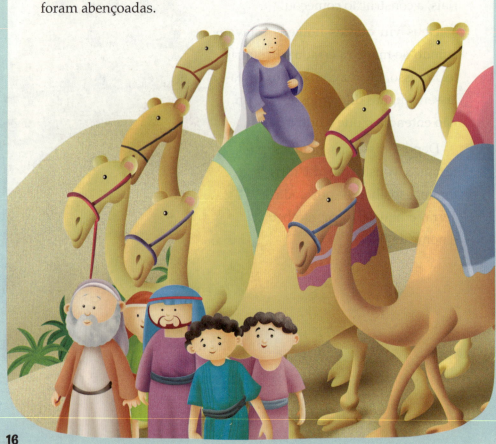

ABRÃO VAI AO EGITO

Gênesis 12, 10-20

Em Canaã, a fome era tanta que Abrão decidiu morar no Egito por algum tempo. Quando chegaram lá, Abrão disse à sua mulher, Sarai:

– Você é muito bonita, portanto, se perguntarem, diga que é minha irmã, e assim não me farão nenhum mal.

No Egito, alguns príncipes viram a linda Sarai e avisaram o rei, que pediu para a levarem ao palácio. O rei gostou de Sarai e, acreditando que ela era irmã de Abrão, tratou-o bem, dando-lhe ovelhas, bois, jumentos, camelos e empregados.

Como Abrão não tinha dito a verdade sobre Sarai, o rei do Egito tornou-a sua mulher. Mas, por ter tomado para si a esposa de Abrão, o rei e seus familiares ficaram doentes. Então, ele chamou Abrão e perguntou-lhe:

– Por que você não me disse que Sarai era sua mulher? Vá embora com ela e com tudo o que é seu. Os guardas os acompanharão.

15 janeiro

A SEPARAÇÃO DE LÓ E ABRÃO

Gênesis 13, 1-13

Levando tudo o que tinha, Abrão saiu do Egito com Sarai e eles foram para o sul de Canaã. Abrão era muito rico, tinha gado, ouro e prata. Ló também tinha muitas ovelhas, gado, cabras e empregados.

Certo dia, os empregados que cuidavam dos animais de Abrão brigaram com os que cuidavam dos animais de Ló, porque não havia pasto para alimentar todos eles. Então, Abrão disse:

— Nós somos parentes, e não é bom ficarmos chateados um com o outro. E também não é bom que os nossos empregados briguem. Por isso, vamos morar em lugares separados.

Ló olhou em volta e escolheu morar no vale do Rio Jordão e Abrão continuou a morar em Canaã.

16 janeiro

DEUS MUDA O NOME DE ABRÃO E SARAI

Gênesis 17, 1-16

Abrão tinha 99 anos quando Deus falou com ele:

– Vou fazer com você a minha aliança: você será pai de muitas nações, e o seu nome já não será Abrão, mas Abraão. Eu serei para sempre o seu Deus e de seus descendentes.

E Deus disse mais a Abraão:

– Não chame mais a sua mulher de Sarai, e sim de Sara, porque darei um filho a vocês, e Sara será a mãe de muitas nações.

17 janeiro

DEUS PROMETE UM FILHO A ABRAÃO

Gênesis 18, 1-15

Certo dia, Abraão estava sentado na entrada de sua tenda, quando olhou para cima e viu três homens de pé na sua frente. Abraão pediu água para lavar os pés dos visitantes e convidou-os para descansarem debaixo da árvore. Depois, Abraão serviu-lhes comida ali mesmo. Um dos visitantes disse a Abraão:

– No ano que vem, voltarei para visitá-lo, e Sara terá um filho.

Sara escutou a conversa da tenda e riu discretamente, pois sabia que não podia mais ter filhos porque ela e Abraão já eram idosos. E o visitante continuou:

– Abraão, por que Sara riu? Ela acha que está muito velha para ter um filho? Será que para Deus há alguma coisa difícil ou impossível? Voltarei daqui a um ano, e Sara terá um filho.

Em seguida, os visitantes foram embora.

18 janeiro

O NASCIMENTO DE ISAQUE

Gênesis 21, 1-7

Sara ficou grávida e teve um menino, e Deus cumpriu o que havia prometido ao casal.

Abraão tinha 100 anos quando seu filho nasceu, e colocou o nome do menino de Isaque.

Então, Sara disse:

– Deus deu-me motivo de alegria, e todos os que ouvirem esta história vão se alegrar comigo!

19 janeiro

DEUS TESTA ABRAÃO

Gênesis 22, 1-8

Os anos se passaram, e Isaque cresceu. Algum tempo depois, Deus disse a Abraão:

– Leve Isaque, seu único filho, a um monte que lhe mostrarei, na terra de Moriá, e ofereça em sacrifício.

No dia seguinte, Abraão levantou-se de madrugada, preparou o seu jumento, cortou lenha para o sacrifício e seguiu para o lugar que Deus havia indicado. Além de seu filho, Abraão levou dois empregados. Ao ver o lugar de longe, Abraão disse aos empregados:

– Esperem aqui com o jumento. Isaque e eu vamos até o monte e voltaremos logo.

Enquanto caminhavam, Isaque perguntou:

– Pai, temos a lenha e o fogo, mas onde está o carneirinho para o sacrifício?

– Meu filho, Deus vai arranjar o carneirinho para o sacrifício.

20 janeiro

A HORA DO SACRIFÍCIO

Gênesis 22, 9-19

No alto do monte, quando tudo já estava pronto para o sacrifício, Abraão ouviu uma voz que dizia:

– Abraão, Abraão! Não machuque Isaque. Agora sei que você teme a Deus, pois ia sacrificar o seu único filho.

Abraão olhou em volta e viu um carneirinho no meio de uma moita. Então, ofereceu-o como sacrifício no lugar de Isaque.

Porque Abraão amava a Deus, o Anjo do Senhor lhe disse que seus descendentes seriam tão numerosos quanto as estrelas do céu e os grãos de areia do mar.

21 janeiro

UMA ESPOSA PARA ISAQUE

Gênesis 24, 1-20

Quando Abraão já estava bem velho, chamou seu empregado mais antigo e lhe disse:

– Prometa-me que não deixará Isaque casar-se com nenhuma moça de Canaã. Vá até a minha terra e escolha uma esposa para ele entre meus parentes.

Assim, o empregado pegou dez camelos de Abraão e muitos presentes e foi até a cidade de Naor, na Mesopotâmia. Fora da cidade, havia um poço onde as mulheres pegavam água. Então, o empregado orou a Deus:

– Ó, Deus de Abraão, faça com que a moça que me der de beber, e também aos camelos do meu senhor, seja a escolhida para casar-se com Isaque.

O empregado nem havia terminado a sua oração, quando Rebeca, uma linda moça da família de Abraão, chegou ao poço para pegar água. Ela deu de beber ao empregado de Abraão e aos camelos. E, assim, foi escolhida para ser a esposa de Isaque.

22 janeiro

JACÓ E ESAÚ

Gênesis 25, 19-26

Isaque tinha 40 anos quando se casou com Rebeca.

Rebeca não podia ter filhos, mas Isaque orou a Deus e pediu por sua esposa.

Seu pedido foi atendido. Ela ficou grávida e teve gêmeos.

O menino que nasceu primeiro era ruivo e peludo, por isso deram-lhe o nome de Esaú. O segundo nasceu segurando o calcanhar de Esaú, e recebeu o nome de Jacó.

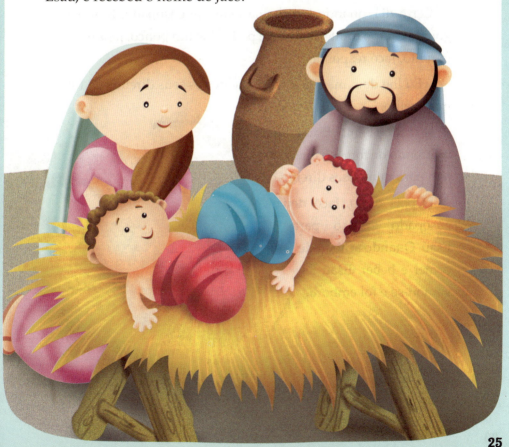

23 janeiro

ESAÚ VENDE OS DIREITOS DE FILHO MAIS VELHO

Gênesis 25, 27-34

O tempo passou, e os meninos cresceram. Esaú tornou-se um bom caçador e gostava de viver no campo, mas Jacó era mais sossegado e gostava de ficar em casa. Isaque amava muito Esaú, porque gostava da carne que ele caçava, e o preferido de Rebeca era Jacó.

Certo dia, quando Jacó havia feito um ensopado, Esaú chegou do campo muito cansado e pediu-lhe um pouco, pois estava faminto. Jacó respondeu:

– Eu lhe dou, mas só se você me der os seus direitos de filho mais velho.

– Tudo bem. Estou quase morrendo de fome. E que valor têm para mim esses direitos?

Depois disso, Jacó deu ensopado e pão para Esaú. Quando acabou de comer e beber, Esaú levantou-se e foi embora.

24 janeiro

ISAQUE NA TERRA DOS FILISTEUS

Gênesis 26, 12-25

Isaque estava na terra dos filisteus, um povo que não confiava em Deus. Ele plantou naquela terra e, abençoado por Deus, ficou rico. Mas os filisteus ficaram com inveja e fecharam os poços que Abraão havia construído.

A pedido de Abimeleque, rei dos filisteus, Isaque teve de ir embora. Então, foi para Gerar, onde cavou mais dois poços, porém, ambos geraram contendas com os pastores do lugar. Por fim, Isaque foi para Berseba. Naquela noite, o Senhor Deus apareceu a Isaque e disse-lhe para não ter medo e que ele teria muitos filhos.

O servo de Deus construiu um altar e adorou o nome do Senhor. Em Berseba, Isaque armou sua tenda, e os seus empregados construíram um poço.

25 janeiro

ISAQUE DÁ A BÊNÇÃO A JACÓ

Gênesis 27, 1-29

Certo dia, Isaque chamou Esaú e disse-lhe que não sabia até quando iria viver. Então, pediu para seu filho fazer uma comida bem gostosa para ele, pois iria abençoá-lo.

Rebeca ouviu a conversa e disse a Jacó para lhe trazer dois cabritos. Ela preparou o animal do jeito que Isaque gostava e pediu para que Jacó levasse a comida para o seu pai e, assim, seria abençoado no lugar de Esaú.

Rebeca pegou a melhor roupa de Esaú e deu a Jacó. Como Esaú era peludo, como a pele dos cabritos, ela cobriu as mãos e o pescoço de Jacó. Então, Jacó levou comida ao pai.

Isaque estava cego por causa da idade, então, quando tocou em Jacó e sentiu o cheiro da roupa de Esaú, abençoou-o.

26 janeiro

JACÓ FOGE DE CASA

Gênesis 27, 41-46; 28, 1-19

Esaú ficou muito bravo porque seu irmão Jacó foi abençoado no seu lugar, e desejou fazer-lhe mal assim que seu pai morresse. Rebeca soube o que Esaú estava pensando e disse a Jacó:

– Vá para a casa do seu tio Labão, em Harã. Assim, seu irmão vai esquecer do que aconteceu.

Durante sua viagem, Jacó colocou uma pedra como seu travesseiro e adormeceu. Ele sonhou com uma escada que ia da terra ao céu, por onde os anjos de Deus subiam e desciam. Deus, que estava em cima dela, disse-lhe:

– Eu sou o Deus de Abraão e de Isaque. Esta terra é sagrada e Eu a darei a você e aos seus filhos. Estou com você e o protegerei.

Jacó acordou e mudou o nome daquele lugar, que era Luz, para Betel.

27 janeiro

JACÓ TRABALHA PARA LABÃO

Gênesis 29; 30, 15-29

Depois que fugiu de casa, Jacó ficou na casa de seu tio Labão, que tinha duas filhas, Leia, a mais velha, e Raquel. Passado um mês, Labão disse que não era justo Jacó continuar trabalhando de graça. Então, ele se propôs a trabalhar durante sete anos para se casar com Raquel.

Depois de sete anos de trabalho, em vez de Raquel, Labão deu Leia para Jacó, e eles se casaram. Quando Jacó foi questionar a troca das noivas, Labão respondeu que era costume casar a filha mais velha antes da mais nova. Entretanto, se Jacó trabalhasse mais sete anos, ele poderia se casar com Raquel.

Jacó aceitou e, após acabarem as comemorações do casamento com a mais velha, casou-se com Raquel, a quem amava, e trabalhou mais sete anos para Labão.

28 janeiro

O ENCONTRO DE JACÓ E ESAÚ

Gênesis 30, 43; 31, 17-18; 32, 3-21; 33, 1-4

Jacó ficou rico trabalhando com seu tio. Então, Deus o mandou voltar para a casa de seus pais. Jacó enviou empregados para avisar Esaú que estava voltando e ficou sabendo que seu irmão vinha ao seu encontro acompanhado de 400 homens. Jacó ficou com muito medo. No caminho, Jacó atravessou sua família pelo Rio Jaboque e acabou ficando sozinho. Ali, encontrou um anjo, com quem lutou até o amanhecer. Como Jacó lutou com Deus e venceu, o anjo lhe disse que ele passaria a se chamar Israel. Quando os dois irmãos se encontraram, choraram de alegria.

29 janeiro

O SONHO DE JOSÉ

Gênesis 37, 1-11

Depois do encontro com Esaú, Israel foi morar em Canaã. De todos os filhos de Israel, José era seu preferido. Certa vez, Israel mandou fazer para José uma túnica colorida muito bonita. Porém, seus irmãos tinham muito ciúme dele. Um dia, José sonhou que o sol, a lua e 11 estrelas curvaram-se diante dele. Seu pai o repreendeu e perguntou:

– Por acaso eu, sua mãe e seus irmãos vamos nos ajoelhar diante de você?

O pai de José ficou pensando nesse sonho, e os seus irmãos ficaram com mais ciúme dele.

30 janeiro

JOSÉ É VENDIDO PELOS IRMÃOS

Gênesis 37, 12-35

Um dia, José foi enviado ao campo para ver se os seus irmãos e o seu rebanho estavam bem. Quando ele estava chegando, os irmãos planejaram lhe fazer mal. Mas Rúben, o irmão mais velho, disse:

– Não! Vamos colocá-lo neste poço seco.

Rúben disse isso porque queria salvar José dos irmãos. Então eles o pegaram, tiraram a sua túnica e o jogaram no poço. Em seguida, os irmãos de José, menos Rúben, viram um grupo de ismaelitas que levavam mercadorias ao Egito e venderam José como escravo. Depois, mentiram ao seu pai, levando-lhe a túnica de José molhada com sangue de cabrito. Achando que ele tivesse sido morto por um animal selvagem, Israel chorou por muitos dias.

31 janeiro

JOSÉ NA CASA DE POTIFAR

Gênesis 39

José foi levado ao Egito e vendido a Potifar, oficial do Faraó. Todo trabalho que fazia naquela casa era bom. Potifar viu que Deus estava com José e colocou-o como administrador da casa.

A mulher de Potifar se interessou por José, mas ele não lhe dava atenção, pois era fiel ao patrão. Um dia, ela tentou conquistá-lo, e José foi embora. Quando Potifar chegou, a mulher disse-lhe:

– O seu servo José traiu a sua confiança! Ele queria fazer-me mal! Eu gritei, e ele fugiu.

Potifar ficou muito bravo e mandou José para a prisão. Mas Deus tinha planos para José. O chefe da prisão gostava dele, e colocou-o como administrador de todas as coisas que eram feitas ali.

01 fevereiro

JOSÉ E O SONHO DO COPEIRO

Gênesis 40, 1-15

O chefe dos copeiros e o chefe dos padeiros do Faraó foram mandados para a mesma prisão em que José estava. Então, certa noite, os dois homens tiveram diferentes sonhos e, ao acordarem, pensavam sobre o que poderiam significar. José se ofereceu para ajudá-los, então o copeiro disse:

— Na minha frente, havia um pé de uvas com três galhos. Eu apanhei as uvas, espremi no copo do Faraó e entreguei-lhe.

José disse que os três galhos do pé de uva eram três dias, tempo que faltava para o copeiro voltar a servir o Faraó, pois seria perdoado. Ele também pediu ao homem que se lembrasse dele quando estivesse com o Faraó.

02 fevereiro

O SONHO DO PADEIRO

Gênesis 40, 16-23

O padeiro contou o seu sonho:

— Sonhei que carregava três cestos de pão sobre a minha cabeça, e as aves os comiam.

— Os três cestos são três dias. Daqui a três dias, o Faraó vai mandar matá-lo. Ele não o perdoará!

Tudo o que José disse sobre os sonhos aconteceu: o padeiro foi morto, e o copeiro voltou a servir o Faraó. Mas ele não se lembrou do pedido de José.

03 fevereiro

OS SONHOS DO FARAÓ

Gênesis 41, 1-24

Certa vez, o rei do Egito teve um sonho bem estranho, e ficou pensando sobre ele. O rei chamou todos os sábios do Egito e contou-lhes o que sonhara, mas ninguém conseguiu dizer o que significava.

Então, o chefe dos copeiros lembrou-se de José e de como ele havia interpretado o seu sonho. Assim, contou sobre José ao rei, que se animou em receber o jovem.

Quando José chegou, o Faraó contou-lhe o sonho: ele estava em pé, próximo ao Rio Nilo, então viu sete vacas gordas e bonitas saírem do rio. Em seguida, saíram outras sete vacas, magras e fracas. As vacas magras comiam as gordas e, mesmo assim, continuavam magras e feias. Depois, teve outro sonho e viu sete espigas cheias e boas. Em seguida, cresciam sete espigas feias e secas. As espigas secas comiam as boas e continuavam como antes.

04 fevereiro

JOSÉ INTERPRETA OS SONHOS DO FARAÓ

Gênesis 41, 25-36

Ao ouvir o sonho do rei, José disse-lhe:

– Deus está mostrando ao senhor o que fazer. As sete vacas gordas e as sete espigas boas são sete anos. As sete vacas magras e as sete espigas secas também. Teremos sete anos com muito alimento. Depois, virão sete anos de seca e haverá fome em toda a terra.

José falou ao Faraó que era importante armazenar comida durante os anos de fartura, pois, quando chegasse a seca, o povo teria o que comer. Assim, com a interpretação do sonho do Faraó, José ajudou o Egito inteiro.

05 fevereiro

JOSÉ TORNA-SE GOVERNADOR DO EGITO

Gênesis 41, 37-57

O Faraó reconheceu que Deus havia dado toda aquela sabedoria a José, e se agradou disso. Então, José foi escolhido para ser o governador de todo o Egito. O Faraó disse-lhe:

– Você vai administrar a minha casa, e o povo vai obedecer-lhe. Apenas eu serei mais importante que você no Egito.

O Faraó colocou o seu próprio anel no dedo de José, ordenou que o vestissem com roupas caras e colocou um colar de ouro em seu pescoço. José guardou a comida que havia na terra do Egito durante os sete anos. Ele juntou tanta comida, que ninguém conseguia contá-la. Quando os dias de fome e seca chegaram, as pessoas iam ao Egito para comprar comida das mãos de José.

06 fevereiro

JOSÉ REENCONTRA SEUS IRMÃOS

Gênesis 42, 1-24

Israel enviou seus filhos ao Egito para comprarem comida. Ao chegarem lá, José reconheceu-os, mas seus irmãos não. Então, José disse-lhes:

– Vocês são pessoas más, e só estão no Egito para ver as nossas fraquezas.

E seus irmãos responderam:

– Não, grande governador, somos pessoas honestas, da terra de Canaã. Éramos 12 irmãos. Um já não vive mais e o mais moço está em casa com o nosso pai.

– Se isso é verdade, tragam-me seu irmão mais novo. Só assim saberei que não estão mentindo. Mas um de vocês ficará preso aqui até o mais novo chegar.

Assim, Simeão ficou preso no Egito.

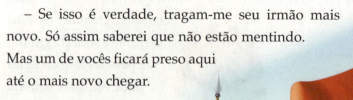

07 fevereiro

OS IRMÃOS DE JOSÉ VOLTAM AO EGITO

Gênesis 42, 25-38; 43; 44; 45

José mandou encher de mantimentos os sacos que os irmãos trouxeram e colocar dentro o dinheiro que gastaram com a compra. Na volta para Canaã, os irmãos de José descobriram que o dinheiro estava dentro dos sacos. Eles ficaram com muito medo, pois não sabiam o que estava acontecendo.

Já em Canaã, eles contaram tudo a Israel. Quando a comida acabou, voltaram ao Egito, levando o irmão mais novo, Benjamim. No Egito, apresentaram-no a José, e Simeão foi libertado. Para que eles não saíssem do Egito com facilidade, José pediu para o administrador colocar o seu copo de prata no saco de comida de Benjamim.

Mais tarde, José mandou o administrador dizer-lhes que um objeto do governador havia sumido.

Quando acharam o copo com Benjamim, eles voltaram ao Egito. Os irmãos ajoelharam-se diante de José pedindo perdão e piedade. Ele revelou sua identidade aos irmãos. No entanto, pediu que eles não se preocupassem, pois Deus o tinha mandado para lá para salvar a todos.

José os beijou e chorou sobre eles.

08 fevereiro

ISRAEL VAI PARA O EGITO

Gênesis 46, 1-7

Os irmãos de José voltaram a Canaã e contaram ao pai tudo o que havia acontecido no Egito. Então, Israel e todos os filhos, a convite de José, foram morar no Egito. E Deus falou a Israel:

– Eu sou o Deus de seus pais. Não tema porque no Egito farei de seus descendentes uma grande nação.

09 fevereiro

A MORTE DE JOSÉ

Gênesis 50, 15-26

Algum tempo depois de se reencontrar com José, Israel morreu no Egito, e os seus filhos disseram entre si que, agora que seu pai estava morto, José iria persegui-los pelo que lhe fizeram no passado. Então, decidiram falar para José que, antes de morrer, Israel pediu para que ele os perdoasse.

Ao ouvir isso, José chorou, e disse para eles não terem medo, pois ele iria cuidar deles e dos seus filhos.

Quando José morreu, aos 110 anos, enfaixaram seu corpo e colocaram-no em um caixão no Egito.

10 fevereiro

OS ISRAELITAS SOFREM NO EGITO

Êxodo 1

Os israelitas tiveram muitos filhos, e espalharam-se em grande número por todo o Egito. Depois da morte de José e de todos os seus irmãos, o Egito teve um novo rei. Temendo que os israelitas se voltassem contra sua nação, por serem mais fortes e mais numerosos, os egípcios os escravizaram. Mas o povo de Israel, abençoado por Deus, era cada vez maior. Então, o Faraó chamou as parteiras das israelitas e disse-lhes que, quando fossem fazer os partos, não deixassem os meninos viverem, apenas as meninas.

Como as parteiras amavam a Deus, não obedeceram ao rei do Egito, e deixaram os meninos vivos. Assim, o povo de Israel aumentou e fortaleceu-se. O Faraó ficou furioso e disse para jogarem no Rio Nilo todos os meninos israelitas, deixando vivas somente as meninas.

11 fevereiro

O NASCIMENTO DE MOISÉS
Êxodo 2, 1-10

Um casal da família de Levi, descendente de Israel, teve um menino. Ele era muito bonito, e sua mãe conseguiu escondê-lo por três meses. Depois, ela foi obrigada a colocá-lo em um cesto e deixá-lo na beira do rio. A irmã do menino ficou olhando de longe, para saber o que aconteceria.

Quando a filha do Faraó estava se banhando no rio, viu o cesto no meio de uma moita, e pediu para alguém buscá-lo. Quando viu o menino chorando no cesto, a princesa ficou com pena e disse que aquele menino era israelita.

A irmã do menino aproximou-se e sugeriu à princesa que uma israelita o amamentasse e o criasse. A filha do Faraó aceitou.

A menina trouxe o bebê à própria mãe, que o criou. Quando o menino cresceu, foi adotado pela filha do Faraó. Ela deu-lhe o nome de Moisés, porque das águas o tirou.

12 fevereiro

MOISÉS FOGE DO EGITO
Êxodo 2, 11-25

Certo dia, quando Moisés já era homem feito, ele observou o quanto os israelitas faziam serviços pesados, e viu também um egípcio batendo em um israelita. Como não havia ninguém por perto, Moisés matou o egípcio. Ao ser descoberto, Moisés fugiu do Egito e foi morar na terra de Midiã.

Lá, Moisés conheceu Zípora, filha de Jetro, e casou-se com ela. Quando tiveram um filho, deram-lhe o nome de Gérson.

Alguns anos mais tarde, o rei do Egito morreu, mas o povo de Israel ainda sofria e era maltratado.

13 fevereiro

DEUS FALA COM MOISÉS

Êxodo 2, 11-23; 3, 1-22

Moisés cuidava das ovelhas e das cabras de Jetro. Um dia, Moisés chegou ao Monte Sinai com o rebanho. De repente, o Anjo do Senhor apareceu em uma chama de fogo no meio de uma moita. Moisés viu que a moita pegava fogo, mas não queimava, e pensou: "Por que a moita não queima?".

Então, Deus chamou-o e disse-lhe para tirar as sandálias, pois aquele era um lugar sagrado. Deus falou-lhe que viu o sofrimento de seu povo e que enviaria Moisés ao Faraó para libertar os israelitas.

E Moisés disse a Deus:

– Quem sou eu para falar com o Faraó e tirar o povo de Israel do Egito?

– Eu estarei com você! – Deus lhe respondeu. – Depois que tirar o meu povo do Egito, todos vão me adorar neste monte. E você dirá a eles: "Deus me enviou a vocês! E vai tirá-los do Egito e levá-los para uma terra muito boa".

14 fevereiro

DEUS DÁ PODERES A MOISÉS

Êxodo 4, 1-17

Quando recebeu de Deus a tarefa de tirar os israelitas do Egito, Moisés pensava que eles não acreditariam que o Senhor apareceu para ele. Então, Deus transformou o bastão de Moisés em uma cobra. Quando Moisés a pegou pela cauda, ela voltou a ser um bastão.

Deus também colocou e tirou uma doença de pele incurável na mão de Moisés. O Senhor disse-lhe que, se ainda assim o povo não acreditasse, Moisés deveria tirar água do Rio Nilo e derramá-la na terra seca, e ela viraria sangue.

Moisés argumentou que não sabia falar e pediu que outra pessoa fosse em seu lugar. Deus anunciou que Arão, o irmão de Moisés, deveria acompanhá-lo. O Senhor ainda disse que os ajudaria. Ele pediu para Moisés levar o bastão também, pois seria com ele que Moisés faria os milagres.

15 fevereiro

MOISÉS VOLTA AO EGITO
Êxodo 4, 18-31

Moisés voltou para a casa de Jetro, reuniu a família e contou o que Deus havia falado. Depois disso, ele seguiu viagem para o Egito.

Arão encontrou Moisés no Monte Sinai. Quando chegaram ao Egito, reuniram todos os líderes do povo de Israel. Arão contou tudo o que Deus tinha dito a Moisés. Depois, Moisés fez os milagres para que o povo visse.

O povo de Israel acreditou em Moisés e Arão, e soube que Deus via o seu sofrimento, por isso todos curvaram-se e adoraram a Deus.

16 fevereiro

MOISÉS E ARÃO CONVERSAM COM O FARAÓ

Êxodo 5, 1-21; 6, 28-30; 7, 1-16

Moisés e Arão foram até o Faraó e lhe disseram:

– Assim diz o Deus de Israel: "Deixa ir o meu povo, para que me adorem no deserto".

Então, o Faraó tornou o trabalho dos israelitas mais pesado ainda, pois achava que, se eles pensavam em Deus, era porque não tinham o que fazer.

Deus disse a Moisés e Arão que o Faraó não os ouviria, pois Ele endureceria o coração do Faraó e Deus faria muitos milagres e coisas espantosas no Egito. E, então, disse a Moisés:

– Amanhã cedo, espere o Faraó à beira do Rio Nilo e leve seu bastão. Diga-lhe o seguinte: "O Deus de Israel enviou-me até aqui para dizer-lhe que deixe o povo dele ir embora do Egito, para que possa adorá-lo no deserto".

17 fevereiro

AS DEZ PRAGAS DO EGITO

Êxodo 7, 17-25; 8; 9; 10; 11

Moisés fez como Deus pediu. Quando estavam com o rei, Arão bateu o bastão no rio e a água virou sangue. Essa foi a primeira praga lançada no Egito por causa da teimosia do Faraó. Toda vez que Moisés e Arão iam falar com ele, ele não aceitava libertar o povo. Assim, Deus enviou mais nove pragas sobre o Egito: vieram rãs sobre toda parte; o pó da terra virou piolhos; vieram moscas sobre todo o Egito; os animais dos egípcios morreram; surgiram tumores tanto nas pessoas como nos animais; caiu uma chuva de pedras; gafanhotos espalharam-se por toda a terra; houve uma grande escuridão durante três dias; e o filho mais velho de cada família egípcia morreu.

Depois da décima praga, o Faraó chamou Moisés e Arão e então disse-lhes:

– Vão embora, vocês e todos os israelitas. Vão adorar a Deus, como disseram. Peguem tudo o que é de vocês e saiam daqui depressa!

18 fevereiro

DEUS GUIA O POVO PELO DESERTO

Êxodo 13, 17-22

O Faraó deixou o povo de Israel sair do Egito, e o Senhor guiou o seu povo pelo deserto, perto do Mar Vermelho.

Moisés levou junto os ossos de José, pois os filhos de Israel lhe haviam prometido isso quando saíssem do Egito.

O Senhor ia à frente do povo durante o dia, guiando-os em uma coluna de nuvem. À noite, Ele usava uma coluna de fogo para clarear o caminho. Assim, todos poderiam andar dia e noite.

Deus sempre estava com o povo.

19 fevereiro

A PASSAGEM PELO MAR VERMELHO

Êxodo 14

O faraó arrependeu-se de deixar o povo de Israel sair do Egito. Então, ele e seus soldados armados foram atrás da caravana. Ao ver que o Faraó os perseguia, o povo reclamou, pensando que tinha saído do Egito para morrer no deserto, mas Moisés disse para eles não temerem, pois o Senhor os salvaria das mãos do Faraó.

Então, Deus disse a Moisés para levantar seu bastão sobre o Mar Vermelho e dividi-lo ao meio para que os israelitas pudessem passar.

Moisés fez o que Deus pediu, e as águas levantaram-se, como se fossem muros à esquerda e à direita, e o povo passou pelo meio do mar. Os egípcios foram atrás.

Depois que os israelitas atravessaram o mar, Deus disse a Moisés para levantar mais uma vez o seu bastão para que as águas voltassem ao seu curso normal.

Moisés fez o que Deus pediu, e as águas cobriram os egípcios que estavam no meio do mar. O povo de Israel viu o enorme poder de Deus e confiou no Senhor e em Moisés.

20 fevereiro

A ÁGUA AMARGA FICA DOCE

Êxodo 15, 22-27

O povo de Israel caminhou três dias pelo deserto e não encontrou água. Ao chegarem a um lugar chamado Mara, havia água, mas ela era amarga. Todos começaram a reclamar, pois estavam com sede.

Então, Moisés falou com Deus, que lhe mostrou uma árvore e pediu para ele jogá-la nas águas de Mara.

Ao fazer isso, as águas que eram amargas ficaram doces e o povo pôde matar sua sede.

21 fevereiro

DEUS MANDA MANÁ E CODORNAS PARA O POVO

Êxodo 16

Depois de tudo o que Deus fez, o povo ainda continuava reclamando. Então, Deus disse a Moisés:

– De manhã, farei chover pão do céu, e o povo colherá todo dia um pouco. Na sexta-feira, deverá pegar duas vezes mais que no sábado. À tarde, enviarei pássaros, para que o povo se alimente de carne.

O povo recolheu esses alimentos e continuou sendo cuidado por Deus.

22 fevereiro

DEUS FAZ SAIR ÁGUA DE UMA ROCHA

Êxodo 17, 1-7

O povo andava pelo deserto e ficou novamente com sede. Como de costume, reclamou a Moisés.

Moisés falou com Deus, que lhe respondeu:

– Vá andando na frente do povo. Leve alguns idosos com você, e não esqueça do seu bastão. Em um lugar chamado Horebe, bata com o bastão na rocha que a água para o povo beber sairá dela.

Moisés fez tudo o que Deus lhe disse, e a água saiu da rocha para matar a sede do povo.

23 fevereiro

JETRO VISITA MOISÉS

Êxodo 18, 1-12

Jetro, o sogro de Moisés, foi até onde ele estava. Jetro levou Zípora, mulher de Moisés, e os seus dois filhos, Gérson e Eliézer.

Moisés encontrou-se com eles e perguntou se estavam bem. Depois disso, entraram em sua tenda. Moisés contou a Jetro tudo o que Deus fez com o Faraó e os seus soldados por amor ao povo.

Jetro ficou muito feliz e disse:

– Bendito seja o nosso Deus. Ele ajudou o povo e o livrou dos egípcios.

Então, como agradecimento, Jetro fez ofertas a Deus.

24 fevereiro

MOISÉS ESCOLHE AJUDANTES

Êxodo 18, 13-27

Moisés resolvia as dificuldades de todo o povo. Ele fazia isso desde a manhã até o anoitecer, pois demorava muito conversar com as pessoas.

Então, Jetro disse a Moisés:

– Você está fazendo tudo isso sozinho? Escolha pessoas boas, que amem a Deus, para que o ajudem com as dificuldades com esse grande número de pessoas.

Moisés ouviu Jetro e colocou alguns homens para ajudá-lo a aconselhar o povo. E isso foi muito bom.

Depois disso, Jetro foi embora para a sua terra.

25 fevereiro

DEUS FALA COM MOISÉS NO MONTE SINAI

Êxodo 19

O povo de Israel estava no deserto e ficou acampado em frente a um monte chamado Sinai.

Moisés subiu ao monte para falar com Deus e ouviu do Senhor:

– Dirás ao povo de Israel em meu nome: "Vocês viram o que fiz com os egípcios e como cuidei de vocês. Agora, ouçam sempre a minha voz. Se fizerem isso, serão um povo santo e meus para sempre".

Moisés repetiu as palavras de Deus para o povo, e eles disseram:

– Nós faremos tudo o que o Senhor disse.

Deus desceu como uma nuvem escura, com trovões e relâmpagos. O Monte Sinai tremeu, e dele saiu fumaça, como se estivesse pegando fogo. Então, Deus chamou Moisés e ele subiu ao monte. O povo ficou lá embaixo, esperando a palavra do Senhor.

26 fevereiro

OS DEZ MANDAMENTOS
Êxodo 20, 1-17

Deus falou com Moisés no Monte Sinai:

– Meu povo, Eu sou o Senhor, seu Deus, que o tirou do Egito. Não adore outros deuses além de mim. Não use o meu nome por qualquer coisa, pois ele é santo. Tenha um dia especial para mim, o sábado, um dia para louvar e não para trabalhar. Trate bem o seu pai e a sua mãe. Não mate. Não traia a pessoa com quem se casou. Não roube. Não minta ou fale mal dos outros. Não deseje o que é dos outros, nem a sua mulher, nem a sua casa, nem os seus bens.

27 fevereiro

O BEZERRO DE OURO

Êxodo 31, 18; 32, 1-10

Moisés subiu mais uma vez ao monte, pois o Senhor o chamou para ouvir as recomendações de como viver e agir agradando a Deus e essas palavras foram escritas em duas tábuas de pedra.

Moisés passou 40 dias no Monte Sinai. Por isso, o povo achou que ele havia morrido e disse a Arão que eles precisavam de deuses para cuidarem deles.

Então, Arão disse ao povo para trazer todo o ouro que tinha. E, assim, fizeram um bezerro de ouro, e começaram a adorá-lo como se ele fosse o próprio Deus.

Deus disse a Moisés que era hora de ele descer do monte, pois o povo estava desobedecendo-o, adorando um bezerro de ouro. Deus ficou muito triste com o seu povo.

28 fevereiro

MOISÉS PEDE PARA DEUS PERDOAR O SEU POVO

Êxodo 32, 11-24

Ainda no Monte Sinai, Moisés falou com Deus:

– Senhor, não fique chateado! Com Sua mão poderosa, o Senhor tirou o povo de Israel da terra do Egito. Lembre-se dos Seus servos Abraão, Isaque e Jacó. O Senhor prometeu que eles teriam muitos filhos, e que esses filhos teriam uma terra para morar, a terra de Canaã.

Depois das palavras de Moisés, Deus perdoou o seu povo.

Moisés desceu do monte e viu o povo adorando o bezerro. Então, ele queimou o bezerro até reduzi-lo a pó, que lançou na água, e a deu para os israelitas beberem.

Moisés chamou a atenção de todos e a de Arão. O povo viu o quanto desobedeceu a Deus ao adorar o bezerro de ouro.

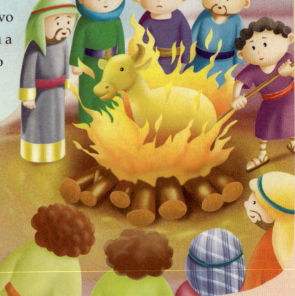

01 março

O BRILHO NO ROSTO DE MOISÉS

Êxodo 34, 29-35

Moisés havia subido novamente ao Monte Sinai para falar com Deus. Quando desceu, seu rosto brilhava. Arão e o povo de Israel viram o rosto de Moisés bem claro e ficaram com medo dele. O seu rosto ficava assim por estar na presença de Deus.

Moisés falou ao povo tudo o que Deus lhe havia dito. Depois colocou um pano fino sobre o seu rosto.

Moisés fez isso muitas vezes e, ao falar com Deus, tirava o pano fino do rosto. Quando saía da presença de Deus, ele cobria o rosto novamente para falar com o povo.

02 março

OFERTAS PARA A TENDA SAGRADA

Êxodo 35

Entre as inúmeras coisas que Deus disse a Moisés, uma delas foi pedir a construção de uma grande tenda para adorar o Senhor. Ela era chamada de tabernáculo.

Ali, todos os homens e mulheres que sentiram alegria no coração levaram ofertas a Deus, como anéis, panos caros, peles de animais, objetos de ouro, prata, bronze e madeira. Os líderes do povo levaram pedras preciosas e perfumes.

Os israelitas levaram com alegria as suas ofertas para louvarem ao Senhor.

03 março

DOZE HOMENS SÃO ENVIADOS PARA CANAÃ

Números 13

Certa vez, enquanto o povo de Israel ainda vivia no deserto, Deus disse a Moisés:

– Darei aos israelitas a terra de Canaã, por isso, quero que você escolha 12 homens para conhecerem a terra.

Então, Moisés escolheu 12 homens dentre os príncipes e pediu-lhes para observarem bem a terra de Canaã.

Depois de 40 dias, os 12 homens voltaram contando a Moisés e ao povo tudo o que tinham visto:

– A terra de lá é muito boa e produz várias frutas gostosas, mas o povo é mais forte que nós, e também vimos gigantes.

Todos ouviram com atenção as notícias que eles trouxeram. Moisés não desanimou com o que ouviu, pois sabia que Deus estava com eles.

04 março

O BASTÃO DE ARÃO FLORESCE

Números 17, 16-27

Após a revolta de Coré, Datã e Abirão, os israelitas murmuravam contra Moisés e Arão, querendo um novo líder para levar o povo de volta ao Egito e culpando os dois pelas mortes daqueles três homens e dos duzentos e cinquenta príncipes que ofereciam incenso diante do Senhor; eles foram engolidos por uma fenda na terra, como castigo por se colocarem contra Moisés e Arão, os escolhidos de Deus. Então, o Senhor disse a Moisés:

– Peça para que cada príncipe do povo de Israel traga um bastão.

Então, eles trouxeram 12 bastões a Moisés, e um deles era o bastão de Levi, no qual foi escrito o nome de Arão. Os bastões foram colocados na tenda sagrada, e Deus disse que no bastão trazido pelo homem que Ele escolhesse nasceriam flores.

No dia seguinte, Moisés entrou na tenda sagrada e viu que havia nascido flores no bastão de Arão, e levou-o para o povo ver. Assim, os israelitas viram que Arão era o líder escolhido por Deus e pararam de reclamar.

05 março

A SERPENTE DE BRONZE

Números 21, 4-9

Mesmo depois de todas as obras que Deus já havia feito, o povo de Israel continuava a reclamar porque eles não tinham água nem pão, e já estavam cansados de comer o maná que vinha do céu.

Então, apareceram muitas cobras, que se espalharam no meio do povo, picando as pessoas, e por isso muitos israelitas morreram.

Mas Deus os ajudou, dizendo a Moisés:

– Faça uma cobra de metal e coloque-a sobre um poste. Aquele que for picado por uma cobra e olhar para a cobra de metal não morrerá.

E, dessa maneira, muitos foram salvos.

67

06 março

A ESCOLHA DE UM NOVO LÍDER

Deuteronômio 31, 1-8

Moisés chamou o povo e disse:

— Eu já tenho 120 anos, e não sei até quando vou viver. E Deus disse-me que não vou atravessar o Rio Jordão. Por isso, vocês vão precisar de um novo líder, que foi escolhido por Deus. Ele é Josué.

Moisés chamou Josué e, na presença de todo o povo, disse:

— Seja forte e não tenha medo, Josué, porque você vai levar esse povo até a Terra Prometida por Deus. O Senhor estará ao seu lado e não o deixará. Você não precisa ter medo de nada.

07 março

A MORTE DE MOISÉS

Deuteronômio 34, 1-12

Moisés subiu até o Monte Nebo, e Deus mostrou-lhe a Terra Prometida e disse-lhe:

– Aquela é a terra que eu prometi a Abraão, a Isaque e a Jacó. Você não entrará nela, mas a está vendo com seus próprios olhos.

Assim, Moisés morreu na terra de Moabe, como Deus havia dito.

Os israelitas choraram a sua morte durante 30 dias.

Então, o povo de Israel seguiu Josué como o novo líder.

08 março

JOSUÉ MANDA ESPIÕES A JERICÓ

Josué 2, 1-24

Josué era o novo líder do povo de Deus. Ele tinha uma tarefa muito difícil: levar esse povo até a Terra Prometida. Então, certo dia, Josué enviou dois homens até Jericó para observar a terra. Eles ficaram na casa de uma mulher chamada Raabe.

Quando o rei de Jericó descobriu que havia dois homens do povo de Israel na casa de Raabe, mandou procurá-los para fazer-lhes mal. Mas Raabe os escondeu e disse que eles não estavam mais ali.

Quando os perseguidores se foram, ela pediu aos dois israelitas que se lembrassem dela quando o povo de Israel fosse morar naquela terra. Eles voltaram e contaram a Josué tudo o que havia acontecido em Jericó.

09 março

JOSUÉ ATRAVESSA O RIO JORDÃO

Josué 4, 15-24

Josué e o povo de Deus estavam indo a Jericó para conquistá-la, mas era necessário atravessar o Rio Jordão. Então, Deus disse a Josué o que eles deveriam fazer. Quando chegaram ao rio, os sacerdotes que carregavam a Arca da Aliança de Deus passaram pelo meio do Jordão sem se molharem. Josué disse ao povo:

– Deus abriu as águas desse rio como fez com o Mar Vermelho para Moisés atravessá-lo com o seu povo. O Senhor agiu assim para que todos os povos soubessem que Ele é forte e digno do nosso respeito e amor todos os dias.

10 março

A DESTRUIÇÃO DE JERICÓ

Josué 6, 1-27

A cidade de Jericó estava fechada, e de lá ninguém saía ou entrava. Então, Deus disse a Josué para o povo rodear Jericó durante seis dias. No sétimo dia, deveriam andar ao redor da cidade sete vezes, com os sacerdotes tocando as suas cornetas. Em seguida, o povo deveria gritar, assim, os muros da cidade cairiam.

Josué disse ao povo e aos sacerdotes o que eles deveriam fazer, e todos confiaram na palavra do Senhor. Então, tudo aconteceu como o Senhor havia dito: os muros de Jericó caíram, e a cidade foi destruída. Raabe e sua família foram morar com o povo de Israel, pois acreditaram em Deus.

11 março

UM DIA MUITO LONGO

Josué 10, 12-15

Josué e o povo de Israel ainda lutavam para conquistar a terra de Canaã. Depois de Jericó, eles tiveram que enfrentar os amorreus. Todos os reis daquele povo estavam reunidos contra os israelitas.

Josué falou com Deus na presença de todo o povo:

– Sol, pare no meio do céu e que a lua demore a desaparecer.

Assim, o sol ficou no céu quase o dia inteiro e o povo de Israel teve tempo para vencer os seus inimigos e continuar na Terra Prometida por Deus.

12 março

A TERRA É DIVIDIDA ENTRE O POVO

Josué 14, 1-5

Josué e o povo conseguiram conquistar Canaã, a Terra Prometida por Deus. Cada tribo recebeu uma parte da terra para morar e cuidar do seu gado e dos seus familiares. Duas tribos e meia já haviam recebido de Moisés um lugar para morar antes do Rio Jordão. As nove tribos e meia, depois da conquista de Canaã, receberam sua parte da terra. A tribo de Levi, que trabalhava como sacerdote no templo, não recebeu terra, mas, sim, cidades para morar e cuidar do gado. Assim, Josué e os filhos de Israel repartiram a terra e passaram a morar em Canaã.

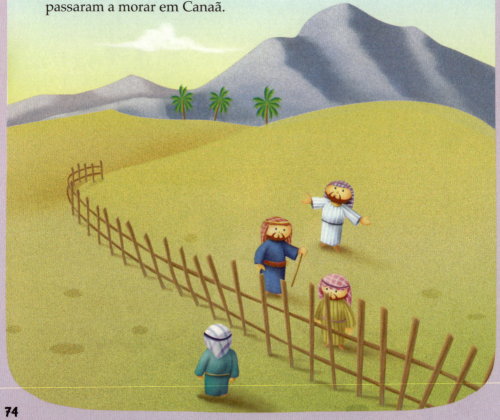

13 março

O NASCIMENTO DE SANSÃO

Juízes 13, 1-7, 24-25

O povo de Israel morava na terra de Canaã e já havia vencido vários inimigos. Mas alguns povos que não adoravam a Deus eram seus vizinhos e, então, começaram a viver no meio deles. Os israelitas começaram a adorar os deuses desses povos, desobedecendo a vontade de Deus, por isso, os filisteus eram mais fortes que eles.

Na tribo de Dã, a esposa de Manoá não podia ter filhos. Mas, certo dia, o Anjo do Senhor apareceu a ela, prometendo-lhe um filho. Ele teria uma força enorme e ajudaria o povo de Israel a vencer os filisteus. A mulher contou ao marido tudo o que havia acontecido.

Assim, ela teve um filho e deu-lhe o nome de Sansão. O menino cresceu e Deus o abençoou.

14 março

SANSÃO APAIXONA-SE

Juízes 14, 1-4

Sansão foi para Timna e apaixonou-se por uma moça que era do povo filisteu. Ele falou aos seus pais que queria casar-se com ela. Mas seu pai e sua mãe disseram:

– Meu filho, não há nenhuma mulher entre o povo de Israel com quem você possa se casar?

Sansão respondeu:

– Eu quero aquela mulher do povo filisteu. É a única que me agrada.

Os pais de Sansão não sabiam que aquele casamento era vontade de Deus, para que a promessa se cumprisse e Sansão, com a força do Senhor, libertasse o povo dos filisteus.

15 março

SANSÃO MATA UM LEÃO

Juízes 14, 5-9

Um dia, Sansão foi para Timna com seus pais. Ele passava pela plantação de uvas, quando, de repente, um leão novo foi ao seu encontro.

O Espírito do Senhor estava com Sansão. Assim, ele pegou o leão e o rasgou com as próprias mãos, mas não contou o que fez aos pais.

Algum tempo depois, Sansão passou por onde tinha lutado com o leão e viu o animal morto. Nele, havia uma grande quantidade de abelhas fazendo mel. Sansão pegou o mel e saiu comendo pelo caminho. Ele ofereceu o mel aos seus pais, mas não contou onde o havia encontrado.

16 março

A CHARADA DE SANSÃO

Juízes 14, 10-20

Naquele tempo, as festas de casamento duravam sete dias. Sansão disse aos convidados:

– Tenho uma charada para vocês descobrirem durante os sete dias de festa. Se conseguirem, darei 30 camisas e 30 roupas de festa a vocês. Se não conseguirem, vocês me darão as camisas e as roupas. A charada é a seguinte: "Do comedor saiu comida, e do forte saiu doçura!".

Depois de três dias, várias pessoas pediram para a mulher de Sansão descobrir a resposta ou queimariam a casa dela e a de seu pai. Com medo, ela descobriu e contou-lhes a resposta, e os homens disseram a Sansão:

– Existe coisa mais doce que o mel e mais forte que um leão?

Sansão percebeu que eles só sabiam a resposta por causa de sua mulher, mas mesmo assim deu as camisas e as roupas aos homens.

Chateado com sua esposa, Sansão separou-se dela e voltou para a casa dos pais.

17 março

AS PLANTAÇÕES DOS FILISTEUS

Juízes 15, 1-8

Certo dia, Sansão foi visitar a mulher que havia deixado em Timna e levou um cabrito.

O pai da moça não deixou que Sansão a visse, e ele ficou muito chateado. Então, decidiu fazer algo contra os filisteus.

Ele pegou 300 raposas amarrou-as, em pares, pelas caudas e atou entre as duas caudas uma tocha; acendeu as tochas e espalhou as raposas nas plantações deles.

As plantações pegaram fogo, e os filisteus ficaram muito bravos com Sansão.

18 março

SANSÃO ENFRENTA MIL HOMENS
Juízes 15, 9-2

Os filisteus ficaram bravos porque Sansão havia colocado fogo em suas plantações. Então, foram até os israelitas e pediram para entregarem Sansão amarrado, por causa de sua força.

Os israelitas contaram a Sansão o que os filisteus queriam, e ele concordou em ser amarrado e entregue aos seus inimigos.

Os filisteus ficaram muito felizes e levaram Sansão até Leí. Mas o Espírito do Senhor estava com ele e, assim, Sansão partiu as cordas com a sua força e lutou contra os filisteus.

Sansão usou apenas o osso do queixo de um jumento para vencer mil homens.

19 março

SANSÃO CARREGA AS PORTAS DA CIDADE

Juízes 16, 1-3

Certo dia, Sansão dormiu na casa de uma mulher em Gaza, cidade dos filisteus.

Os seus inimigos descobriram que ele estava dormindo ali e cercaram a casa a noite toda. Eles ficaram em silêncio para poderem entrar quando amanhecesse e, então, fazer mal a Sansão.

Porém, Sansão levantou-se à meia-noite, pegou as portas da cidade, colocou-as sobre os ombros e saiu de Gaza sem que ninguém conseguisse lhe fazer mal.

20 março

A TRAIÇÃO DE DALILA

Juízes 16, 4-22

Os príncipes dos filisteus souberam que Sansão estava gostando de uma mulher chamada Dalila. Eles pediram para ela convencer Sansão a dizer de onde vinha a sua grande força e, assim, dariam muito dinheiro à Dalila.

Então, ela perguntou várias vezes a Sansão de onde vinha a sua força, mas ele nunca lhe dizia a verdade. Até que, por causa da insistência de Dalila, Sansão disse-lhe que seu cabelo nunca havia sido cortado. Se ele raspasse a cabeça, perderia sua grande força.

Dalila contou aos príncipes dos filisteus o segredo de Sansão. Então, quando ele estava dormindo, Dalila mandou chamar um homem para cortar o cabelo de Sansão. Assim, foi fácil prendê-lo, porque ele não tinha mais a força de antes.

Depois disso, os filisteus levaram Sansão preso para sua terra e cegaram-no.

21 março

A MORTE DE SANSÃO

Juízes 16, 23-31

Os príncipes dos filisteus reuniram-se para adorar o seu falso deus, chamado Dagom. Eles estavam felizes com a prisão de Sansão. O povo também se alegrou.

Sansão foi levado até o templo também. Ali, pediu para que o colocassem perto das duas colunas que sustentavam a construção. Havia cerca de 3 mil homens e mulheres ali. Então, Sansão pediu força ao Senhor pela última vez.

Deus ouviu o pedido dele. Então, Sansão fez força sobre as duas colunas que sustentavam a casa, derrubando-as em cima de todos, inclusive de si mesmo.

22 março

NOEMI E RUTE

Rute 1, 1-22

Em um tempo em que houve fome em toda a Terra, um homem chamado Elimeleque e sua esposa, Noemi, foram morar em Moabe. Passado algum tempo, Elimeleque morreu. Os seus filhos casaram-se com mulheres daquela terra, o nome de uma era Orfa, e o da outra, Rute. Mas morreram também os seus dois filhos, Malom e Quiliom.

Então, Noemi decidiu voltar para a terra de Judá, e disse às suas noras para voltarem para a casa de suas mães.

Orfa decidiu voltar ao seu povo, os moabitas, mas Rute não quis deixar Noemi sozinha, e disse que, aonde ela fosse, Rute também iria, e que o Deus de sua sogra seria o Deus dela.

Assim, as duas mulheres voltaram para Belém.

23 março

RUTE COLHE ESPIGAS
Rute 2, 1-7

O marido de Noemi tinha um parente muito rico chamado Boaz. Rute desejava trabalhar colhendo espigas no campo de Boaz. Naquele dia, ele foi ao campo e viu Rute, então perguntou ao seu empregado:

– Quem é aquela moça?

E ele respondeu:

– Ela é moabita e mora com Noemi, a sua sogra. Ela nos pediu para trabalhar recolhendo as espigas que caem no chão, para que ela e Noemi possam alimentar-se.

24 março

BOAZ FALA COM RUTE

Rute 2, 8-23

Ao conhecer a história de Rute, Boaz lhe disse:

– Não vá trabalhar em outro campo. Quando você tiver sede, beba da nossa água.

Então, Rute ajoelhou-se diante de Boaz e perguntou-lhe por que ele a ajudava mesmo ela não sendo do povo de Israel. Boaz respondeu dizendo que sabia que ela morava com Noemi e que a ajudava muito.

Boaz deu ordem aos empregados para que Rute pudesse trabalhar e apanhar espigas. Depois do trabalho, Rute voltou à casa de Noemi e mostrou a quantidade de comida que havia apanhado. Então, Noemi ficou feliz com o alimento, e todos os dias Rute ia trabalhar no campo de Boaz.

25 março

O PLANO DE NOEMI

Rute 3, 1-5

Certo dia, Noemi disse à Rute:

– Minha filha, já está na hora de você casar novamente. Boaz é o homem certo para você. Além disso, ele é meu parente bem próximo. Esta noite, depois do banho, perfume-se bem e ponha o seu melhor vestido. Mas não vá até ele enquanto estiver comendo e bebendo. Quando Boaz estiver dormindo, vá até sua cama e deite-se perto dos pés dele. Boaz vai dizer o que você precisa fazer.

Rute respondeu à Noemi:

– Farei tudo que a senhora disser.

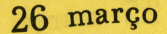

26 março

BOAZ PROMETE CASAR-SE COM RUTE

Rute 3, 6-18

Rute fez tudo como Noemi mandou. Foi até onde Boaz dormia e deitou-se aos seus pés. À meia-noite, Boaz assustou-se ao sentir que alguém estava perto dele e perguntou:

– Quem é você?

– Sou Rute, a sua serva.

Então, Boaz disse-lhe:

– As pessoas da cidade sabem que você é uma boa mulher. Eu quero casar com você, mas primeiro vou pedir permissão às pessoas importantes do povo de Israel.

Era assim que se fazia em Israel naquele tempo. Rute voltou para casa levando comida para Noemi.

27 março

BOAZ CASA-SE COM RUTE

Rute 4, 1-22

Boaz casou-se com Rute, e eles tiveram um filho.

As mulheres que estavam com Noemi falaram o seguinte sobre a criança:

– O nosso Deus é bondoso, pois Ele não deixou de lhe dar um neto. O nome dele será importante em Israel. Esse menino veio alegrar a sua vida e também a sua velhice.

Desde aquele dia, Noemi cuidou da criança, que se chamava Obede. Ele seria o pai de Jessé, que foi pai de Davi.

28 março

ELCANA E SUAS MULHERES

1 Samuel 1, 1-8

Havia um homem da região de Efraim chamado Elcana. Ele tinha duas mulheres: uma delas chamava-se Ana, e a outra, Penina. Esta tinha filhos, mas Ana não podia engravidar.

Entretanto, Elcana amava mais Ana que Penina. Penina tratava Ana muito mal, e ela chorava por isso.

Elcana não entendia por que Ana chorava tanto, já que ele era tão bom para ela.

29 março

O PEDIDO DE ANA

1 Samuel 1, 9-18

Ana estava muito triste porque não podia dar um filho ao seu marido, Elcana. Então, ela orou ao Senhor no templo e fez uma promessa:

– Senhor Deus, olhe o meu sofrimento e lembre-se de mim. Se me der um filho homem, ele passará todos os dias da sua vida na casa do Senhor.

O sacerdote Eli, quando viu Ana orando, achou que ela estivesse bêbada e lhe disse para não beber mais.

Ana explicou que não havia bebido nada, só sentia-se muito triste, e estava colocando seus problemas nas mãos de Deus. Por isso, orava daquela maneira.

Quando Eli ouviu as palavras de Ana, disse-lhe:

– Que Deus a atenda.

Depois disso, Ana não ficou mais triste.

30 março

O NASCIMENTO DE SAMUEL

1 Samuel 1, 19-28

Deus atendeu ao pedido de Ana e ela ficou grávida. Quando o seu filho nasceu, ela disse:

– O seu nome será Samuel, porque eu o pedi ao Senhor.

Ana ficou com Samuel até ele não precisar mais mamar. Depois disso, ela levou-o até o templo e o entregou ao sacerdote Eli, dizendo:

– Meu senhor, sou aquela mulher que falava com Deus no templo. Deus respondeu ao meu pedido e deu-me um filho. Hoje, com alegria, trago-o para servir ao Senhor.

31 março

DEUS FALA COM SAMUEL
1 Samuel 3, 1-18

Samuel foi crescendo e servia a Deus no templo, ajudando o sacerdote Eli. Certa vez, quando já era jovem, Samuel estava deitado e ouviu uma voz o chamando.

Samuel correu para falar com o sacerdote Eli, mas ele não o havia chamado. Isso aconteceu duas vezes. Então, o sacerdote disse a Samuel que, se alguém o chamasse, ele deveria responder: "Fale, Senhor, pois o Seu servo ouve!".

Assim, o Senhor Deus chamou Samuel mais uma vez, e Samuel respondeu da mesma forma que Eli havia lhe falado.

Então, Deus falou tudo o que Samuel precisava saber, pois no futuro ele seria sacerdote da casa de Deus.

01 abril

SAUL É O REI DE ISRAEL

1 Samuel 10, 17-27

Samuel tornou-se sacerdote em Israel. Um dia, ele reuniu o povo e disse que Deus sabia que eles queriam um rei para governar Israel.

Então, Samuel pediu para que todas as tribos de Israel se reunissem, e dentre elas foi escolhida a tribo de Benjamim. Dessa tribo, foi escolhida uma família, da qual veio o rei Saul, que chamava a atenção por ser alto e simpático. Samuel disse:

– Vejam quem o Senhor escolheu! No meio do povo, não há ninguém igual a Saul.

– Viva o rei! – o povo exclamou. Depois disso, Samuel escreveu em um livro a lei do reino, e o povo voltou para casa.

02 abril

SAUL VENCE OS AMONITAS
1 Samuel 11, 1-15

Os amonitas cercaram uma parte do povo de Israel, que morava em Jabes-Gileade. Os israelitas temiam por não terem quem os defendesse.

A notícia chegou a Saul. Ele chamou todos os homens de Israel para lutarem e avisou o povo de Jabes-Gileade que o rei e seus amigos iam ajudá-los.

Pela manhã, Saul dividiu os amigos em três grupos, que enfrentaram os inimigos. Os amonitas fugiram e espalharam-se por causa da grande derrota.

03 abril

SAUL NÃO FAZ A VONTADE DE DEUS
1 Samuel 13, 1-14

Saul estava em guerra contra outros inimigos, os filisteus. Mas como o povo de Israel não conseguiu vencê-los, escondeu-se em cavernas, buracos e lugares em que os inimigos não o encontrassem.

Saul esperou Samuel por sete dias, mas Samuel não apareceu. Então, Saul fez ofertas a Deus sobre o altar sagrado e, assim que terminou, Samuel chegou para ver o rei.

Ao ver o que Saul havia feito, Samuel ficou muito chateado. Era costume apenas o sacerdote fazer aquele tipo de oferta a Deus, e não o rei. Saul havia desobedecido a Deus e, por causa disso, ele não poderia mais continuar como o grande rei de Israel.

04 abril

SAMUEL É ENVIADO À CASA DE JESSÉ

1 Samuel 16, 1-13

Deus enviou Samuel à casa de Jessé, em Belém, para escolher outro rei para Israel. Ao chegar, Samuel viu um dos filhos de Jessé, Eliabe, e pensou: "Sem dúvida alguma, esse deverá ser o novo rei de Israel, o escolhido de Deus". Mas Deus disse a Samuel:

– Você não deve levar em conta a altura dele ou como ele é. O homem vê o que está fora, como o corpo e a aparência. Eu, o Senhor, vejo o coração.

Depois disso, Samuel viu outros seis filhos de Jessé, mas nenhum deles foi escolhido. Faltava ainda Davi, o filho mais novo. Ele era ruivo, de olhos bonitos e muito simpático.

Deus disse a Samuel que Davi era o escolhido. Então, Samuel colocou óleo sobre a cabeça dele, pois era assim que se fazia para escolher o rei de Israel.

05 abril

DAVI TOCA HARPA PARA SAUL

1 Samuel 16, 14-23

Saul vivia nervoso, pois Deus já não estava mais com ele como antes.

Então, os servos de Saul procuraram alguém que tocasse harpa, um instrumento musical de muitas cordas, para acalmar o rei.

Um dos empregados de Saul conhecia Davi e, então, pediu para Jessé enviá-lo ao rei.

Sempre que Saul ficava muito nervoso, Davi tocava harpa, e o rei acalmava-se.

06 abril

GOLIAS INSULTA OS SOLDADOS DE ISRAEL

1 Samuel 17, 12-39

O povo de Israel estava guerreando contra os filisteus. Os três filhos mais velhos de Jessé também estavam na batalha. O pai de Davi pediu-lhe que fosse ver como estavam seus irmãos. Ele obedeceu a Jessé e foi ao local onde os guerreiros se reuniam.

Havia um gigante filisteu chamado Golias que sempre falava coisas contra os soldados de Israel. Mas ninguém tinha coragem de lutar contra ele, pois ele era muito grande e forte.

Davi ouviu o que Golias falava contra os soldados e Deus, e ficou muito chateado. Então, foi pedir permissão para lutar contra Golias ao rei Saul, que estava no campo de batalha. E o rei autorizou-o a defender o seu povo.

07 abril

DAVI ENFRENTA O GIGANTE GOLIAS

1 Samuel 17, 40-54

Para lutar contra Golias, Davi pegou cinco pedras perto de um riacho e colocou-as em sua bolsa de pastor de ovelhas. Ele levou também sua funda, um tipo de estilingue da época.

Quando Golias viu Davi, tratou-o muito mal, pois achava que ele era muito pequeno e jovem para enfrentá-lo. Mas Davi disse a Golias:

– Você vem a mim com espada, lança e escudo. Eu vou contra você em nome de Deus.

Davi tirou uma pedra da bolsa, colocou-a na funda e jogou-a na direção de Golias. A pedra acertou a testa do gigante, e ele caiu. Então, Davi pegou a espada de Golias e cortou a cabeça dele. Quando os filisteus viram que Golias estava morto, fugiram assustados.

08 abril

OS AMIGOS DAVI E JÔNATAS

1 Samuel 18, 1-5

Davi foi muito bem tratado por todos depois de ter vencido o gigante Golias.

Saul tinha um filho chamado Jônatas, que se tornou muito amigo de Davi.

Jônatas deu-lhe de presente uma capa, a sua espada, o seu arco e um cinto. Os presentes queriam dizer que Jônatas gostava muito de Davi.

Saul colocou Davi para fazer parte do seu exército. Todos gostavam dele, até os empregados do rei.

09 abril

A INVEJA DE SAUL
1 Samuel 18, 6-16

Quando Davi e os soldados voltaram da batalha contra os filisteus, muitas mulheres foram até o rei Saul para cantarem e dançarem ao som de belos instrumentos. A canção dizia: "Saul matou mil, e Davi matou milhares". Isso deixou o rei Saul com muita raiva e inveja de Davi.

Assim, no outro dia, dominado por um espírito mau, Saul planejou algo ruim para Davi.

Saul resolveu jogar uma lança em Davi, que conseguiu se desviar duas vezes. Assim, o rei passou a ter medo de Davi, porque sabia que Deus sempre protegeria o jovem. Ele também sabia que Deus o tinha abandonado por querer o mal das pessoas.

Saul colocou Davi como comandante de mil homens, e Davi cumpria todos os seus deveres, comandando bem os soldados. Deus estava sempre com ele. Em Israel, todos gostavam de Davi por ser um homem muito corajoso.

10 abril

SAUL DESEJA MATAR DAVI

1 Samuel 18, 17-30

Davi era muito querido pelo povo de Israel, mais até que o próprio rei Saul, que tinha ciúmes dele por isso.

Saul deu a sua filha para ser esposa de Davi e pediu para que ele enfrentasse os filisteus. O desejo de Saul era de que Davi morresse na guerra.

Davi aceitou o pedido do rei e venceu os inimigos.

Mais uma vez, Saul percebeu que o Senhor estava ao lado de Davi.

11 abril

JÔNATAS DEFENDE DAVI DE SAUL

1 Samuel 19, 1-7

Saul não conseguia mais esconder o ciúme que sentia de Davi, e contou a seu filho Jônatas que desejava fazer mal a ele.

Jônatas contou a Davi o que Saul pretendia fazer e, em seguida, foi falar com seu pai:

– Não erre com Davi, porque ele não fez nada de mau contra o senhor. Ele lutou contra os filisteus para defender o povo de Israel.

Saul ouviu o filho e disse:

– Da mesma forma que vive o Senhor, Davi não vai morrer.

Depois disso, Jônatas procurou Davi e contou-lhe o que seu pai havia dito. Então, Davi voltou a ficar na presença de Saul.

DAVI NÃO DESEJA MATAR SAUL

1 Samuel 24, 1-22

O rei Saul não ficou muito tempo em paz com Davi e logo voltou a persegui-lo. Davi fugiu e escondeu-se em uma caverna, mas o rei foi atrás dele com 3 mil homens.

Saul foi descansar na mesma caverna em que Davi estava escondido. Então, enquanto o rei dormia, Davi cortou um pedaço da capa dele sem que ele percebesse.

Depois, foi ao encontro de Saul, mostrou o pedaço que cortou de sua capa, e disse que de modo algum faria mal ao escolhido de Deus.

Saul ficou triste por desejar mal a Davi e chorou em voz alta, arrependido.

13 abril

A MORTE DE SAUL
1 Samuel 31, 1-13

O rei Saul estava em guerra contra os filisteus. Eles eram inimigos muito fortes e mataram os filhos de Saul: Jônatas, Abinadabe e Malquisua.

Os filisteus estavam atirando flechas e, quando viram Saul, quiseram atirar nele. Saul ficou com muito medo, pois sabia que tinha perdido a guerra e que morreria. Por isso, pediu para seu companheiro matá-lo, pois ele não queria que os filisteus o pegassem com vida.

O homem ficou com medo de matar seu rei. Então, Saul tomou a espada dele e jogou-se sobre ela. Os filhos de Israel fugiram ao verem que o seu rei e vários homens estavam mortos. Os filisteus, por sua vez, saíram vitoriosos.

14 abril

DAVI É REI DE JUDÁ
2 Samuel 2, 1-7

Depois da morte de Saul, Davi falou com o Senhor Deus:

– Devo ir para alguma cidade de Judá?

– Você deve ir para Hebrom – Deus respondeu.

Assim, Davi foi morar naquela cidade com suas esposas, seus companheiros e as famílias deles.

E os homens de Judá foram ao encontro de Davi e o escolheram como o seu rei.

Então, ao saber quem havia enterrado Saul, Davi lhes mandou um recado:

– Que Deus abençoe vocês por terem cuidado bem de Saul, mesmo depois de sua morte. O rei de vocês está morto, e o povo que mora em Judá me escolheu para ser rei.

Davi era alguém muito especial e conhecido em Israel.

15 abril

DAVI É REI DE ISRAEL
2 Samuel 5, 1-10

Todas as pessoas importantes de Israel foram até Hebrom e escolheram Davi como o rei de Israel. Quando Davi foi escolhido, ele tinha 30 anos.

Naquele tempo, Davi tomou Jerusalém de um povo que morava na cidade: os jebuseus.

Ele morou naquela cidade e a chamou de cidade de Davi.

Cada vez mais, Davi tornava-se poderoso, pois o Senhor estava com ele.

16 abril

A ARCA DA ALIANÇA É LEVADA A JERUSALÉM

2 Samuel 6, 12-18

Passado algum tempo, Davi quis levar a Arca da Aliança para Jerusalém, a cidade de Davi.

Ela era coberta de ouro e guardava as duas placas de pedra nas quais haviam sido escritos os Dez Mandamentos e também outros objetos sagrados de Deus. A presença da arca no meio do povo de Israel significava que Deus estava com eles.

Davi e todos os israelitas estavam muito felizes. Dançavam e cantavam louvores a Deus ao som de cornetas.

Então, a Arca da Aliança foi levada até o seu lugar, e Davi fez ofertas a Deus. O povo foi abençoado.

17 abril

DEUS FAZ ALIANÇA COM DAVI

2 Samuel 7, 1-17

Deus havia abençoado os israelitas de tal maneira que não estavam em guerra com nenhum povo. Mas o rei Davi tinha uma preocupação. Então, chamou o profeta Natã e disse-lhe:

– Estou morando em uma casa muito boa, mas a Arca da Aliança continua guardada em uma barraca.

– Deus está com você, por isso, faça o que o seu coração pede – Natã respondeu-lhe.

Naquela mesma noite, Deus disse a Natã:

– Vá e fale o seguinte a Davi: "Eu escolhi você para ser rei de Israel, salvei-o dos seus inimigos e estive com você em todos os lugares. Quando você morrer, o seu filho será rei, construirá um templo para mim, e Eu o abençoarei".

Depois, Natã contou a Davi tudo o que Deus havia lhe dito.

18 abril

DAVI É BOM COM O FILHO DE JÔNATAS

2 Samuel 9, 1-13

Davi queria saber se algum parente do antigo rei ainda estava vivo, então um servo de Saul contou-lhe que Jônatas tinha um filho que não podia andar. O nome do jovem era Mefibosete. Davi mandou buscá-lo. Quando o rapaz chegou, ajoelhou-se diante do rei.

E Davi lhe disse:

– Não tenha medo, pois serei bondoso com você. Eu era amigo do seu pai, Jônatas. Por isso, vou dar-lhe todas as terras que eram do rei Saul. Você poderá estar sempre na minha casa.

Davi era um rei bondoso e nunca se esqueceu do seu amigo Jônatas.

19 abril

DAVI E A MULHER DO SEU SOLDADO
2 Samuel 11, 1-13

Durante um tempo de guerra, o exército de Davi estava no campo de batalha, e ele ficou em Jerusalém. Uma tarde, quando ele passeava pelo palácio, uma mulher muito bonita chamou a sua atenção. Logo ele ficou sabendo que ela era Bate-Seba, mulher do seu soldado Urias.

Davi pediu para que a levassem até o seu palácio e, a partir daquele dia, viveu com ela como se fosse a sua mulher.

Depois de algum tempo, quando ela voltou para sua casa, mandou dizer ao rei que teria um filho dele.

Davi não pensou em Deus quando tomou a mulher do seu soldado.

20 abril

A MORTE DE URIAS

2 Samuel 11, 14-27

Urias estava no campo de batalha. Davi escreveu uma carta a Joabe, que comandava seus soldados, em que dizia para colocar Urias na frente dos inimigos, e deixá-lo sozinho para que morresse.

Ao receber a carta, Joabe fez o que o rei Davi pediu e assim Urias morreu.

Logo, a notícia chegou aos ouvidos do rei Davi e de Bate-Seba. Ela chorou por Urias alguns dias. Depois disso, o rei Davi mandou levá-la para o palácio.

A partir daquele dia, Bate-Seba tornou-se mulher do rei Davi. Mas o que ele fez com Urias não foi nada bom aos olhos de Deus.

21 abril

NATÃ LEVA UM RECADO DE DEUS A DAVI

2 Samuel 12, 1-14

Deus mandou Natã falar com o rei Davi e dizer-lhe: "Existiam dois homens em uma cidade. O rico tinha de tudo, muitas ovelhas e bois. O pobre não tinha quase nada, apenas uma ovelhinha, da qual gostava muito. Ela cresceu em sua casa, comia e bebia com os seus filhos e dormia nos seus braços, como se fosse a própria filha. Certo dia, um amigo do homem rico foi visitá-lo. Então, ele roubou a ovelha do homem pobre e a matou para alimentar o amigo".

Ao ouvir isso, Davi ficou bravo e disse que aquele homem deveria ser morto.

Então, Natã disse ao rei que aquele homem era Davi, e que Deus estava dizendo-lhe que nunca deixara lhe faltar nada. Sendo assim, por que ele tinha tomado a mulher de Urias e mandado matá-lo?

Davi percebeu quanto mal causou a Bate-Seba e Urias, e disse ao profeta Natã que estava arrependido, pois havia decepcionado o Senhor. Logo, Natã disse a Davi que, se ele estivesse arrependido, Deus o perdoaria.

22 abril

O FILHO DE DAVI
2 Samuel 14, 25-33; 15, 1-16

O rei Davi tinha um filho chamado Absalão que queria reinar no lugar de seu pai, por isso, quando o povo ia pedir ao rei para resolver um problema, Absalão recebia-os e conquistava-os com boas palavras.

Então, Absalão foi a Hebrom anunciando que era o novo rei. Davi soube que seu filho tinha o apoio de grande parte do povo de Israel e então fugiu com seus homens. Ele não queria que o povo de Jerusalém sofresse nenhum mal, caso o seu filho invadisse a Cidade Santa.

23 abril

A MORTE DE ABSALÃO

2 Samuel 18, 1-18

O rei Davi não pôde evitar uma guerra entre os seus homens e os do exército de seu filho Absalão. A batalha aconteceu em Efraim e, naquele dia, cerca de 20 mil homens morreram.

E Absalão seguia pelo campo montado numa mula. Ao passar por baixo de uma árvore com galhos muito fortes, ficou pendurado.

Então, Joabe feriu a Absalão e seus jovens terminaram de matá-lo e o enterraram. Mas o rei Davi não queria que seu filho tivesse sido morto.

24 abril

DAVI CHORA POR SEU FILHO

2 Samuel 18, 19-33

O mensageiro chegou diante do rei Davi, ajoelhou-se e deu a seguinte notícia:

– Paz! Deus abençoou-nos! Os nossos inimigos foram entregues em nossas mãos.

Então, Davi perguntou ao mensageiro se o seu filho Absalão estava bem. Mas o homem não soube dizer. Outro mensageiro chegou contando que todos estavam mortos. Ao ouvir isso, o rei ficou muito triste, e disse:

– Absalão, Absalão! Se eu pudesse, morreria no lugar do meu filho!

A vitória de Davi transformou-se em tristeza por causa da morte de Absalão.

25 abril

DAVI MANDA CONTAR O POVO

2 Samuel 24, 1-10

Certo dia, Davi quis saber quantas pessoas havia em Israel e pediu a Joabe para fazer a contagem. Joabe andou por toda a terra do rei e depois de 9 meses e 20 dias voltou a Jerusalém. Após a contagem, Davi ficou muito triste e com o coração partido.

A contagem das pessoas era para saber quanto poder o rei tinha conquistado com as próprias mãos. Davi não fez a contagem para agradecer a Deus pelo número de pessoas que Ele tinha lhe dado para governar.

O que Davi fez não foi bom aos olhos de Deus.

26 abril

DEUS CASTIGA O REINO DE DAVI

2 Samuel 24, 11-17

Davi recebeu a palavra do Senhor por meio do profeta Gade.

– Ofereço três coisas a você, Davi. Escolha uma delas. Você quer que a sua terra passe por três anos de fome? Quer ser perseguido por três meses pelos seus inimigos? Ou deseja que uma doença grave apareça na sua terra por três dias?

Então, Davi respondeu ao profeta:

– Estou sofrendo muito. Mas desejo cair nas mãos de Deus, porque grande é a sua bondade. Não quero cair nas mãos dos homens.

Então, veio uma doença grave sobre Israel e 70 mil homens do povo morreram.

Davi viu quanto mal ele causou pelo seu orgulho.

27 abril

DAVI CONSTRÓI UM ALTAR

2 Samuel 24, 18-25

O profeta Gade disse a Davi:

– Vá até o campo de Araúna, o jebuseu, e construa um altar ao Senhor.

Davi obedeceu e, quando o homem viu o rei, ajoelhou-se diante dele.

Davi comprou o campo de Araúna e construiu um altar, onde fez ofertas a Deus. Assim, o Senhor ficou muito feliz com o rei e retirou a doença grave que estava sobre Israel.

28 abril

A VELHICE DE DAVI

1 Reis 1, 1-4

O rei Davi já estava muito velho. Ele sentia bastante frio e, mesmo coberto de roupas, não se sentia aquecido.

Então, os servos do rei procuraram uma moça para dormir ao lado do rei e aquecê-lo.

Assim, eles acharam uma jovem muito bonita, chamada Abisaque, e a trouxeram ao rei.

Ela cuidava e servia o rei Davi, e ele a respeitava.

29 abril

ADONIAS QUER O TRONO DE DAVI

1 Reis 1, 5-10

Adonias, um dos filhos de Davi, ao ver a condição de seu pai, disse-lhe:

– Vou reinar no lugar de Davi, meu pai.

Adonias, que também era muito bonito, nasceu depois de seu irmão Absalão.

Muitos apoiavam Adonias, mas os profetas Natã e Benaia e os amigos valentes de Davi não concordavam com a ideia de ele ser rei.

Adonias fez ofertas a Deus junto à pedra de Zoelete e convidou todos os homens de Judá, servos do rei.

Entretanto, Natã, Benaia e os valentes amigos de Davi não foram convidados.

30 abril

BATE-SEBA E NATÃ FALAM AO REI SOBRE SALOMÃO

1 Reis 1, 11-31

Todos sabiam que Adonias queria ser rei. Então, o profeta Natã falou com Bate-Seba, mãe de Salomão:

– Fale com o rei Davi e lembre-o de que ele prometeu que, após a morte dele, Salomão reinaria em seu lugar. Depois que você conversar com o rei, entrarei onde estiverem e confirmarei suas palavras.

Bate-Seba e Natã fizeram o que combinaram e falaram com o rei que, jurando, disse:

– Tão certo como vive o Senhor, seu filho Salomão reinará depois de mim e se sentará em meu trono.

01 maio

SALOMÃO É REI

1 Reis 1, 32-40

O sacerdote Zadoque e o profeta Natã levaram Salomão para Giom a pedido do rei Davi.

Eles derramaram óleo sobre a cabeça de Salomão e, após o toque da trombeta, o povo gritou:

– Viva o rei Salomão!

O povo ficou muito feliz com a escolha do novo rei e comemorou com bastante alegria.

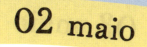

A MORTE DE DAVI

1 Reis 2, 1-12

O rei Davi estava muito velho, e o dia de sua morte aproximava--se. Ele chamou o seu filho, Salomão, e lhe disse:

– Filho, eu vou seguir o caminho de todas as pessoas mortais. Seja homem! Guarde a palavra de Deus e os Seus caminhos como foi escrito por Moisés. Assim, tudo o que você fizer segundo a vontade do Senhor dará certo, e para onde você for Deus o acompanhará. Dessa maneira, nunca faltará alguém para reinar depois de você.

Davi descansou com seus pais e foi sepultado em Jerusalém. Ele reinou durante 40 anos. Quando Salomão tomou posse do trono de seu pai, o seu reino foi fortalecido.

03 maio

SALOMÃO PEDE SABEDORIA A DEUS

1 Reis 3, 3-15

Salomão amava a Deus e andava segundo a palavra do Senhor, como fez Davi. Certo dia, Deus apareceu em seu sonho e disse para Salomão pedir o que quisesse. Ele pediu sabedoria, pois era uma criança e não sabia como governar o grande povo de Israel.

– Você poderia ter desejado qualquer coisa, mas me pediu algo muito bom. Só quis sabedoria para poder entender as pessoas, portanto, dou-lhe um coração sábio e inteligência, e jamais houve ou haverá alguém igual a você. Vou dar-lhe até o que não me pediu: riquezas e glória em abundância – disse o Senhor.

Salomão acordou do sonho, foi a Jerusalém e permaneceu na presença da Arca da Aliança, e ali fez ofertas a Deus.

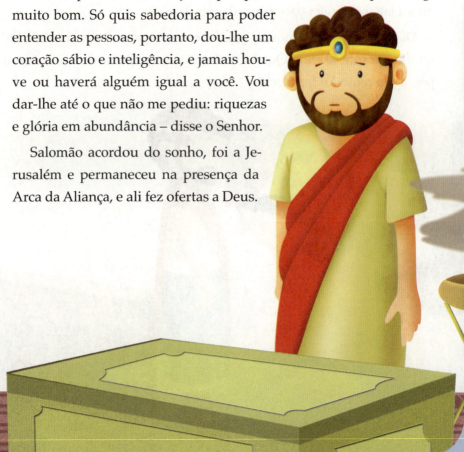

04 maio

A INTELIGÊNCIA DO REI SALOMÃO
1 Reis 3, 16-28

Um dia, duas mulheres foram até o rei Salomão.

Uma mulher contou que elas moravam juntas e cada uma teve um filho. Sua colega perdeu o filho e o trocou pela criança viva. A outra mulher afirmava que era o filho de sua companheira que havia falecido. Então, o rei Salomão pediu para dividirem a criança em duas partes com uma espada e darem uma para cada mulher.

– Não, meu rei. Dê a criança a ela! Quero que ela viva – gritou a primeira mulher.

Já a outra disse:

– Cortem a criança. Se não for minha, também não será dela.

– Deem a criança à mulher que pediu para deixá-la viva. Ela é a mãe verdadeira.

Essa sábia decisão do rei Salomão fez com que o povo de Israel o respeitasse mais, pois ele tinha a sabedoria do Senhor Deus.

05 maio

SALOMÃO FAZ UM TEMPLO

1 Reis 6, 1-13

Depois de quatro anos de reinado, Salomão começou a construir a casa de Deus com pedras preparadas, e não precisou de martelo para colocá-las em seu lugar. Depois, a casa foi coberta com tábuas de cedro.

Então, veio a palavra de Deus a Salomão:

– Se você andar segundo as minhas palavras e os meus desejos, cumprirei o que prometi a você e a seu pai. Morarei no meio dos filhos de Israel e não os abandonarei.

DEUS FAZ PROMESSAS A SALOMÃO
1 Reis 9, 1-10

Depois que Salomão acabou a construção da casa de Deus, o Senhor apareceu para ele e disse:

– Eu ouvi a sua oração, Salomão! Santifico esta casa que você construiu, e o meu nome estará lá todos os dias. Se ouvir as minhas palavras, estarei com você e o abençoarei como um grande rei. Se, porém, o meu povo adorar outros deuses, esta casa não permanecerá de pé, nem o povo.

Depois de 20 anos, Salomão terminou a casa do Senhor.

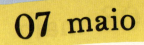

07 maio

UMA RAINHA VISITA SALOMÃO

1 Reis 10, 1-13

Muitos ouviram falar sobre a sabedoria que Salomão tinha recebido do Senhor. Por isso, a rainha de Sabá quis falar com Salomão para fazer-lhe perguntas difíceis, que só um sábio poderia responder.

Ela chegou a Jerusalém e esteve com o rei Salomão por algum tempo. Ele respondeu a todas as suas perguntas difíceis. Ao ver a sabedoria de Salomão e a casa de Deus que foi construída por ele, a rainha de Sabá ficou muito admirada.

Ela deu glórias a Deus pelo que Ele havia feito na vida de Salomão, colocando-o no trono de Israel e dando-lhe sabedoria para decidir entre o certo e o errado.

A rainha deu muitos presentes ao rei Salomão, e ele também deu tudo o que ela desejou. Depois disso, a rainha de Sabá voltou para a sua terra.

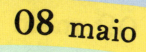

SALOMÃO DESOBEDECE A DEUS

1 Reis 11, 1-8

Salomão já estava velho, e as suas mulheres conseguiram desviar o seu coração de Deus.

Como rei, ele pôde ter muitas mulheres, e várias não adoravam a Deus.

Salomão não era mais fiel ao Senhor, como foi Davi.

Ele adorou e construiu altares para outros deuses. Dessa maneira, o rei Salomão agiu mal aos olhos de Deus.

09 maio

JEROBOÃO REINARÁ SOBRE ISRAEL

1 Reis 11, 26-40

Havia um servo de Salomão chamado Jeroboão. Ele era um homem valente e muito trabalhador.

Certo dia, o profeta Aías encontrou-se com Jeroboão no campo e rasgou a sua capa em 12 pedaços. O profeta disse a Jeroboão:

– Tome dez pedaços desta capa, pois o reinado de Salomão será rasgado e você, Jeroboão, comandará dez tribos. Isso vai acontecer porque Salomão deixou o Senhor e adorou outros deuses. Mas ele não perderá tudo e continuará sendo príncipe, porque Deus ama Davi, seu pai. Você será o novo rei de Israel, e Deus estará com você.

Quando Salomão soube que Jeroboão seria o futuro rei, tentou matá-lo. Jeroboão fugiu e ficou no Egito até a morte do rei.

10 maio

A MORTE DE SALOMÃO

1 Reis 11, 41-43

Salomão reinou durante 40 anos em Jerusalém. Ele descansou com seus pais e foi enterrado na cidade de Davi.

Os feitos de Salomão e a sua sabedoria estão escritos no livro da sua história. E seu filho Roboão reinou em seu lugar.

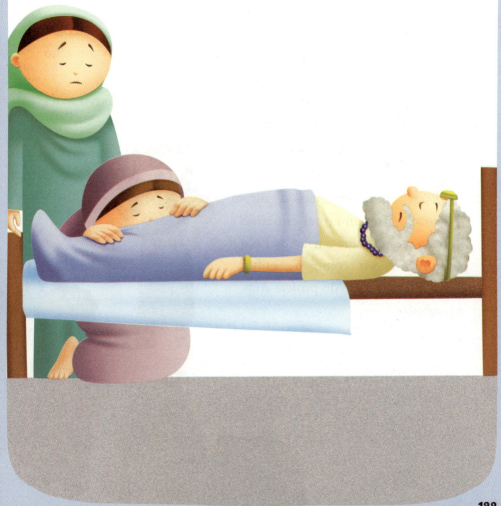

11 maio

A SEPARAÇÃO DAS TRIBOS

1 Reis 12, 1-20

Depois da morte de Salomão, Roboão foi a Siquém para tornar-se o novo rei. Jeroboão, que estava no Egito, voltou para Israel. Ele e todo o povo foram até Roboão pedir-lhe para que fosse um bom rei, pois todos tinham lhe servido. Ele prometeu uma resposta em três dias.

Roboão aconselhou-se com pessoas idosas, que lhe disseram para servir o seu povo. Mas ele as ignorou e resolveu seguir o conselho dos jovens, de agir de maneira dura com o povo.

Depois de três dias, Jeroboão voltou com o povo para ouvir a decisão do rei Roboão, que disse duramente:

– Salomão fez vocês carregarem cargas pesadas, e eu farei muito mais que ele.

Depois disso, dez tribos seguiram Jeroboão e fizeram-no rei em Israel. Roboão reinou sobre a tribo de Judá. Tudo aconteceu como o Senhor havia dito por meio do profeta Aías a Jeroboão.

12 maio

O REINADO DE ABIAS E ASA EM JUDÁ

1 Reis 14, 30-31; 15, 1-24

Durante muitos anos, Roboão, rei de Judá, esteve em guerra com Jeroboão, rei de Israel. Quando Roboão morreu, o seu filho Abias tornou-se o rei de Judá, mas ele não era fiel a Deus.

Por causa do bom reinado de Davi, o Senhor deu a Abias um filho, Asa, para que governasse Jerusalém. Quando se tornou rei, Asa expulsou todos que adoravam outros deuses e tirou os seus altares de Israel, depois, levou coisas sagradas à casa de Deus. O seu coração foi do Senhor todos os dias.

13 maio

O REINADO DE ACABE EM ISRAEL

1 Reis 16, 29-34

Depois da morte de Jeroboão e de vários outros homens terem reinado em seu lugar, surgiu Acabe. Ele reinou sobre Israel no ano 38 do reinado de Asa em Judá.

Acabe fez o que era mau diante de Deus, muito mais que todos os outros reis. Ele se casou com uma mulher chamada Jezabel, que adorava um deus chamado Baal. Acabe também adorou esse deus e construiu um altar para ele em Samaria.

Acabe fez muitas coisas ruins e deixou Deus muito triste.

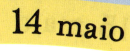

CORVOS ALIMENTAM ELIAS

1 Reis 17, 1-7

No tempo em que Acabe reinou, houve um grande profeta, homem de Deus, chamado Elias. Ele disse a Acabe:

– Deus está dizendo que não vai chover na terra de Israel, e que ela sofrerá uma grande seca.

Então, Elias retirou-se da presença do rei Acabe e foi para o Oriente.

Lá, Deus cuidou de Elias. Ele bebeu água e foi alimentado por corvos, que lhe traziam carne e pão de manhã e à noite.

15 maio

ELIAS E A VIÚVA

1 Reis 17, 8-24

Deus disse a Elias para ir a Sarepta, em Sidom; ali, uma viúva o alimentaria. Na casa da mulher, havia apenas um pouco de farinha e azeite. Quando o alimento acabasse, ela e o filho passariam fome.

Então, Elias pediu para que a mulher fizesse um bolo de farinha com azeite e disse:

– O Deus de Israel lhe diz que a farinha e o azeite não acabarão enquanto houver seca.

E assim aconteceu. Mas, depois disso, o filho da viúva adoeceu e morreu. Muito triste, ela perguntou para Elias se tinha feito alguma coisa ruim para que merecesse perder o seu filho.

Elias orou a Deus, pedindo que devolvesse a vida ao menino. Deus o ouviu, e o menino viveu. Ao ver seu filho vivo, a mulher disse:

– Agora vejo que você é mesmo homem de Deus e a palavra do Senhor é verdade em sua boca.

16 maio

ELIAS E OS PROFETAS DE BAAL
1 Reis 18, 20-40

Elias pediu ao rei Acabe para provar a todos que o Senhor era o verdadeiro Deus. Diante de todo o povo, no Monte Carmelo, os profetas se reuniram e começaram a clamar pelo deus Baal, para que ele recebesse a oferta que estava sobre o altar. Clamaram desde manhã até o meio-dia.

Quando Elias chamou o nome de Deus, o Senhor respondeu queimando a oferta que estava sobre o altar. Ao ver o poder de Deus, o povo caiu com o rosto no chão, dizendo que o Senhor era Deus.

Todos os profetas de Baal foram destruídos e, por meio de Elias, o Senhor provou ser o verdadeiro Deus de Israel.

17 maio

CHOVE DEPOIS DE MESES DE SECA
1 Reis 18, 41-46

Elias subiu de novo ao Monte Carmelo e, ajoelhado, pediu ao jovem que sempre o acompanhava:

– Olhe para a banda do mar.

– Não há nada lá – o jovem afirmou.

– Olhe novamente – disse Elias.

Isso aconteceu sete vezes. Na sétima, o jovem disse:

– Uma nuvem pequena está vindo do mar.

Pouco tempo depois, o céu escureceu e, entre nuvens e vento, caiu uma chuva intensa.

18 maio

ELIAS NO MONTE HOREBE
1 Reis 19, 1-18

A mulher do rei Acabe, Jezabel, ficou muito brava com Elias, pois já não existiam profetas de Baal em Israel. Então, ela foi atrás de Elias para matá-lo. Elias fugiu e ficou escondido em uma caverna e lá pediu ajuda a Deus, que lhe disse:

– Vá para Damasco e escolha Hazael como rei da Síria, Jeú como rei de Israel e Eliseu para ser profeta em seu lugar. Quero que saiba, Elias, que há muita gente de Deus em Israel. Há 7 mil pessoas que não adoraram Baal e que não o consideram um deus.

19 maio

ELIAS ENCONTRA ELISEU

1 Reis 19, 19-21

Elias saiu do Monte Horebe e encontrou Eliseu, que estava trabalhando no campo.

Ao passar por Eliseu, Elias jogou a sua capa sobre ele.

Eliseu entendeu que seria um profeta e, então, disse a Elias:

– Só vou despedir-me dos meus pais e depois o seguirei.

Eliseu fez o que havia dito e, a partir daquele dia, serviu ao profeta Elias.

NABOTE E A PLANTAÇÃO DE UVAS

1 Reis 21, 1-7

Nabote tinha uma plantação de uvas ao lado do palácio do rei Acabe. O rei queria ter aquele pedaço de terra para plantar verduras e legumes, mas Nabote não quis vendê-la, pois era herança de seu pai. Vendo Acabe chateado, sua mulher, Jezabel, disse:

– Você não é o rei de Israel? Alegre-se, pois vou procurar uma maneira de dar-lhe a vinha de Nabote.

Então, o rei ficou feliz.

21 maio

AS CARTAS DE JEZABEL
1 Reis 21, 8-16

Jezabel escreveu cartas para os príncipes e anciãos que conheciam Nabote, que diziam: "Quero que Nabote seja julgado como um homem que não respeita o nome de Deus. Dois homens maus podem incriminá-lo diante de todos. Depois, apedrejem-no até morrer".

Assim, tudo aconteceu como Jezabel planejou. Nabote foi acusado de falar contra o nome de Deus e, por isso, foi morto.

A notícia chegou aos ouvidos do rei Acabe por Jezabel e, então, sabendo que Nabote estava morto, ele ficou com a sua plantação de uvas.

22 maio

ELIAS FALA CONTRA ACABE E JEZABEL

1 Reis 21, 17-29

A palavra de Deus veio a Elias, e ele devia transmiti-la a Acabe e Jezabel:

– Vocês mataram Nabote e ainda querem ficar com a sua vinha. Os dois fizeram muito mal perante o Senhor. Agora, o mal cairá sobre vocês, e o seu nome, Acabe, será apagado de Israel. Ninguém se vendeu como você para fazer uma maldade dessas diante de Deus, porque sua esposa Jezabel o dominava. Por isso, Jezabel também não continuará viva.

Quando Elias disse todas as coisas que Deus havia pedido, Acabe rasgou a própria roupa e se arrependeu de todo o mal que havia feito.

23 maio

A MORTE DE ACABE

1 Reis 22, 29-40

A Síria estava em guerra contra seus inimigos. Durante a batalha, um homem do exército da Síria atirou uma flecha e, sem querer, feriu o rei Acabe. Então, o rei pediu para ser retirado da batalha, pois estava muito ferido.

Ao pôr do sol, a notícia chegou a Israel:

– Voltem para suas casas, para suas terras. O rei está morto.

Acabe foi levado até Samaria e lá foi enterrado.

24 maio

O RIO JORDÃO SE ABRE PARA ELIAS

2 Reis 2, 1-8

Elias foi com Eliseu para um lugar chamado Gilgal. Elias disse a Eliseu:

– Fique aqui, pois tenho que ir até Betel.

Eliseu respondeu:

– Não vou deixá-lo ir sozinho.

Assim, Elias e Eliseu foram para Betel. Chegando lá, seguidores dos profetas locais disseram a Eliseu que Elias iria subir ao Céu. Eliseu foi para Jericó e também ouviu que Elias subiria ao Céu, levado por Deus.

Por fim, Elias e Eliseu foram ao Rio Jordão. Chegando diante das águas, Elias enrolou sua capa e tocou a água. No mesmo instante, elas se dividiram e Elias e Eliseu passaram pelo meio do rio sem se molharem.

25 maio

DEUS LEVA ELIAS AOS CÉUS

2 Reis 2, 9-14

Depois que Elias e Eliseu atravessaram o Rio Jordão, o profeta disse a Eliseu:

– Peça-me o que quiser e acontecerá.

– Quero ser mais poderoso que você, Elias.

– Ah, você pediu uma coisa muito difícil, Eliseu. Mas se conseguir me ver subindo quando eu for elevado aos Céus, você será um profeta mais poderoso que eu.

Eles continuaram andando e, de repente, Elias foi levado ao Céu em uma carruagem puxada por cavalos de fogo. Eliseu viu o seu mestre subindo ao Céu e, ao encontrar a sua capa, usou-a da mesma maneira que ele. Eliseu tocou o Rio Jordão com a capa de Elias e passou pelo meio do rio sem se molhar.

26 maio

AS ÁGUAS QUE NÃO ERAM BOAS
2 Reis 2, 19-22

Os homens de Jericó disseram a Eliseu:

– A cidade está bem localizada, mas as águas do rio são ruins e não conseguimos produzir alimentos nesta terra.

Então, Eliseu disse:

– Traga-me um prato novo e com sal dentro.

Quando o prato chegou, Eliseu lançou o sal na água e disse:

– Deus diz que estas águas ficarão boas.

Assim aconteceu, e as águas tornaram-se boas para os homens cultivarem a terra.

27 maio

O COZIDO ENVENENADO

2 Reis 4, 38-41

Certa vez, faltou comida em Gilgal. Um dia, enquanto ensinava um grupo de pessoas, Eliseu pediu ao moço que o acompanhava que preparasse um cozido para todos.

Assim, uma das pessoas foi até o campo e achou uma parra selvagem que dava frutos amargos. Mesmo sem saber o que eram, pegou o quanto pôde e levou para a cozinha. Depois, cortou-as e colocou-as na panela do cozido, que, ao ficar pronto, foi servido aos homens. Assim que experimentaram, eles disseram que o cozido estava envenenado.

Ao perceber o que aconteceu, Eliseu disse para levarem farinha para ele.

Eliseu jogou a farinha na panela e pediu ao povo que se servisse, pois agora não havia mais veneno na comida.

VINTE PÃES ALIMENTAM 100 HOMENS

2 Reis 4, 42-44

Um dia, um homem de Baal-Salisa trouxe espigas verdes e 20 pães ao profeta Eliseu, que disse para darem a comida ao povo.

O homem que trazia os pães e as espigas perguntou como alimentariam 100 homens com tão pouca comida.

– Isso será o necessário para alimentá-los. Deus diz que eles comerão e ainda sobrará comida – Eliseu falou.

O homem fez o que o profeta pediu. O povo comeu e ainda sobrou comida, como disse a palavra do Senhor.

29 maio

NAAMÃ É CURADO DE SUA DOENÇA DE PELE

2 Reis 5, 1-14

Naamã era um oficial de grande importância para o rei da Síria, mas tinha uma doença de pele muito séria.

Certo dia, o rei da Síria mandou uma carta ao rei de Israel, em que pedia para Eliseu curar o seu oficial. Sabendo desse caso, o profeta disse que o homem poderia vir ao seu encontro.

Quando Naamã chegou à porta da casa de Eliseu, o profeta apenas mandou-lhe uma mensagem, dizendo-lhe que se lavasse sete vezes no Rio Jordão, assim se livraria da doença.

– Pensei que o profeta falaria comigo, chamaria o nome de Deus e colocaria as mãos sobre mim, mas ele nem apareceu. Na minha terra, há rios melhores que o Jordão para eu me banhar – disse Naamã.

As pessoas que estavam com Naamã disseram para ele ouvir a palavra do profeta. Então, Naamã lavou-se no Rio Jordão sete vezes, e a sua pele ficou livre da doença.

30 maio

O MACHADO EMPRESTADO
2 Reis 6, 1-7

Vários seguidores dos profetas de Deus moravam com Eliseu, e o lugar já estava pequeno para tanta gente. Então, os homens disseram a Eliseu:

– Vamos ao Jordão cortar madeira para construirmos uma casa maior.

Eliseu foi com eles. Enquanto cortavam madeira, um homem deixou o machado cair no Rio Jordão. Nervoso, ele disse:

– Aquele machado não era meu, mas emprestado!

Eliseu perguntou:

– Onde caiu?

Quando o homem mostrou onde estava o machado, Eliseu lançou um pedaço de madeira no lugar. De repente, o machado boiou e eles o pegaram.

153

31 maio

A MORTE DE JEZABEL

2 Reis 9, 30-37

Jezabel era a mulher do falecido rei Acabe. Jeú era o novo rei de Israel. Ele sabia quem era aquela mulher e como tinha causado mal a Israel e à palavra de Deus.

Quando Jeú chegou ao palácio e viu Jezabel, ordenou que ela fosse lançada de onde estava. Assim que ela caiu, Jeú passou por cima dela com os seus cavalos.

O nome dessa mulher foi esquecido e também o mal que ela desejou a Israel.

01 junho

JOÁS E A OFERTA A DEUS
2 Reis 12, 1-13

Joás reinou em Jerusalém. Ele fez muitas coisas boas perante o Senhor, mas o povo não era totalmente fiel a Deus.

Certo dia, Joás disse aos sacerdotes:

– Que as pessoas possam trazer com alegria à casa de Deus o seu dinheiro e as suas ofertas.

O dinheiro foi usado para reformar a casa de Deus, que precisava de conserto.

Todas as coisas que Joás fez ficaram escritas no livro História dos reis de Judá.

02 junho

A SEPULTURA DE ELISEU

2 Reis 13, 14-25

Eliseu, o profeta, estava muito doente, e logo a doença o matou. Em seguida, ele foi sepultado.

Certo dia, um homem foi enterrado na sepultura do profeta.

Ao tocar os ossos de Eliseu, o homem morto reviveu.

Assim terminou a história desse grande homem de Deus, chamado Eliseu.

03 junho

O REINADO DE JOSIAS

2 Reis 22, 1-7

Josias começou a reinar em Jerusalém aos 8 anos. Ele reinou durante 31 anos, fez o que era bom aos olhos de Deus e permaneceu sempre fiel a Ele.

Um dia, Josias decidiu reformar a casa de Deus.

Então, pediu a Hilquias, o grande sacerdote, para contar o dinheiro das ofertas do povo e usá-lo para melhorar a casa de Deus, deixando-a ainda mais bonita.

04 junho

JOSIAS QUER CONTINUAR FIEL A DEUS

2 Reis 23, 1-3

Certo dia, o rei Josias chamou para junto de si todas as pessoas importantes de Judá e de Jerusalém para irem até a casa de Deus. Com ele estavam também os sacerdotes e os profetas do povo.

A palavra de Deus foi dita diante de todos. E Josias afirmou seu desejo de continuar fiel ao Senhor.

Josias também pediu para que todos seguissem o Senhor e guardassem Sua palavra no coração e na alma. O povo concordou em ser fiel ao Senhor.

05 junho

JOSIAS QUER QUE ADOREM SÓ AO SENHOR

2 Reis 23, 4-14

O povo de Israel não era tão fiel ao Senhor, mas Josias procurou seguir a Deus e ensinar o povo.

Ele pediu para que não adorassem os deuses falsos, e que eles fossem tirados do templo e queimados fora de Jerusalém.

Todos os sacerdotes que adoravam esses deuses foram tirados do trabalho do templo.

Josias fez o que pôde para acabar com a adoração a outros deuses.

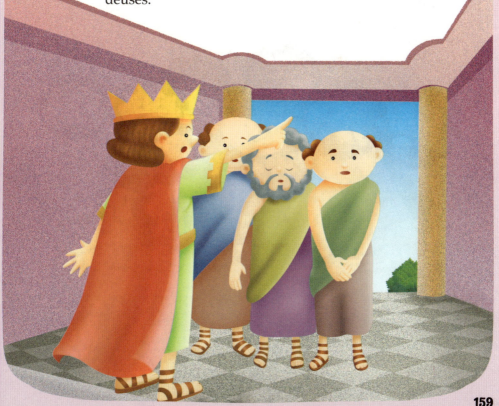

06 junho

A CELEBRAÇÃO DA PÁSCOA

2 Reis 23, 21-27

Josias era um rei fiel e quis comemorar a Páscoa com o povo de Israel.

A Páscoa foi comemorada no 18° ano do reinado de Josias. Todos disseram que há muito tempo não se comemorava uma Páscoa daquela maneira.

Também afirmaram que antes de Josias não houve um rei tão fiel a Deus quanto ele.

O seu coração e a sua alma eram do Senhor e, depois de Josias, nunca mais surgiu um rei igual.

07 junho

A MORTE DE JOSIAS
2 Reis 23, 28-30

Tudo o que Josias fez de importante está escrito no livro das crônicas dos reis de Judá.

Nos dias do rei Josias, Faraó-Neco, o rei do Egito, saiu contra o rei da Assíria no Rio Eufrates. Josias também saiu contra o Faraó e foi morto por ele em combate.

Na cidade de Megido, os servos de Josias levaram-no morto até Jerusalém, onde ele foi sepultado.

O grande rei, fiel ao Senhor, morreu, mas a sua história ficou escrita e o seu nome nunca foi esquecido.

08 junho

NABUCODONOSOR INVADE JERUSALÉM

2 Reis 24, 10-17

Nabucodonosor, rei da Babilônia, foi a Jerusalém e cercou-a com seus servos.

Joaquim, rei de Judá, foi levado preso até a Babilônia, e também os príncipes, homens valentes e grandes trabalhadores. Apenas o povo pobre foi deixado em Jerusalém.

Além disso, os tesouros e objetos de ouro da casa de Deus foram levados.

No lugar de Joaquim, reinou o seu tio Zedequias, pois essa era a vontade de Nabucodonosor.

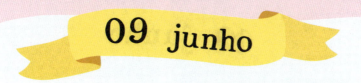

A QUEDA DE JERUSALÉM

2 Reis 24, 20; 25, 1-21

Zedequias era o rei de Jerusalém e não queria servir a Nabucodonosor.

Então, a Babilônia foi com todo o seu exército cercar a cidade de Jerusalém.

Depois de algum tempo, não havia mais alimento em Jerusalém, pois os seus inimigos tinham cercado a cidade.

Assim, Jerusalém foi invadida. Os muros foram derrubados, a casa de Deus queimada, e o restante do povo, que estava na cidade, foi levado para a Babilônia como escravo.

10 junho

CIRO, O REI DA PÉRSIA

2 Crônicas 36, 22-23

A Babilônia estava nas mãos dos persas, e Ciro era o grande rei da Pérsia.

O profeta Jeremias havia dito, pela palavra do Senhor, que Ciro libertaria o povo de Israel. Assim, o rei persa disse ao povo:

– O Senhor Deus deu-me todos os reinos da Terra e deseja que eu construa uma casa para Ele em Jerusalém. Quem quiser pode voltar a Jerusalém, e que o Senhor esteja com cada um.

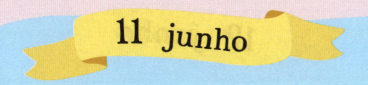

UM ALTAR É CONSTRUÍDO

Esdras 3, 1-7

Grande parte do povo foi a Jerusalém. Alguns servos construíram um altar a Deus e, sobre ele, fizeram as suas ofertas ao Senhor.

A casa de Deus tinha sido destruída pelos babilônios, e a sua reconstrução começaria logo. Então, pedreiros e carpinteiros receberam dinheiro para trabalharem na reedificação do templo, e foi pedido para os sidônios e tírios trazerem madeira.

Tudo foi feito de acordo com o desejo de Ciro, que queria ver a casa de Deus reconstruída.

12 junho

OS INIMIGOS CONTRA A RECONSTRUÇÃO DO TEMPLO

Esdras 4, 1-24

Próximo a Jerusalém havia muitos povos, e nenhum deles respeitava o Senhor. Eles não queriam que o povo reconstruísse o templo e voltasse a morar em Jerusalém.

Os inimigos de Israel tentaram desanimar o povo para que a reforma na casa de Deus não continuasse.

Aqueles homens maus sabiam que, se Israel conseguisse reconstruir Jerusalém, o templo e os muros da cidade, aquele povo voltaria a ser poderoso, pois Deus estava com eles.

13 junho

O TEMPLO É RECONSTRUÍDO

Esdras 6, 13-22

O povo e os seus líderes continuaram a reconstrução do templo. Os profetas Ageu e Zacarias já haviam dito que eles conseguiriam realizar esse grande trabalho. Depois de seis anos que Dario reinava, o templo em Jerusalém foi finalizado.

Todos festejavam a reconstrução do templo. Foram feitas ofertas ao Senhor de acordo com o número das tribos de Israel.

Os sacerdotes voltaram a trabalhar na casa de Deus. A Páscoa foi festejada com alegria, e o povo buscou o Senhor, seu Deus.

14 junho

NEEMIAS VAI A JERUSALÉM

Neemias 2, 1-10

Artaxerxes era o rei da Pérsia. Diante dele, trabalhava um servo de Deus chamado Neemias, que estava triste porque Jerusalém não havia sido totalmente reconstruída.

Neemias desejava ajudar na reconstrução da Cidade Santa. Então, o rei o enviou a Jerusalém, e deu-lhe cartas para que pudesse passar pelas cidades que havia no caminho e para que conseguisse madeira para fazer as portas da cidade.

Então, Neemias seguiu rumo a Jerusalém.

15 junho

A RECONSTRUÇÃO DOS MUROS

Neemias 2, 11-20

Neemias chegou a Jerusalém, mas não falou a ninguém o que tinha ido fazer lá.

Ele chamou alguns homens para completar a reconstrução dos muros. E depois de andar por toda a cidade e ver como tudo estava em ruínas, Neemias disse ao povo e aos líderes de Israel:

– A nossa cidade não está totalmente reconstruída. Vamos terminar de levantar os muros, pois Deus está conosco.

Quando o povo ouviu as palavras de Neemias, disse:

– Vamos acabar de reconstruir os muros da nossa cidade.

Então, todos ficaram animados para trabalhar.

16 junho

ESDRAS LÊ A PALAVRA DE DEUS AO POVO

Neemias 8, 1-12

Neemias era aquele que governava em Jerusalém. Esdras era aquele que estudava a palavra de Deus e a lia para o povo. Certo dia, Esdras levou a palavra de Deus até o povo. Ele falou bem do nome do Senhor, e o povo, ajoelhando-se, levantou as mãos e adorou a Deus.

Esdras lia e ensinava a palavra do Senhor para que ficasse claro o que Deus desejava para a vida de todos.

Neemias disse ao povo que chorava quando ouvia a palavra do Senhor:

– Este dia é muito importante, e não é preciso ficar triste ou chorar. Deus está feliz conosco. A alegria do Senhor é a nossa força.

Então, o povo alegrou-se e houve uma grande festa, pois todos entenderam a palavra do Senhor.

17 junho

A DESOBEDIÊNCIA DA RAINHA VASTI

Ester 1, 1-22

Assuero era o grande rei da Pérsia. No terceiro ano do seu reinado, ele deu uma grande festa ao povo e a todas as pessoas importantes. O rei queria mostrar a beleza da sua rainha aos convidados.

Então, pediu aos empregados para irem buscá-la, mas a rainha Vasti não obedeceu ao rei.

O rei Assuero ficou bravo e pediu conselho aos sábios sobre o que poderia fazer com a rainha Vasti.

Depois, o rei Assuero mandou a rainha Vasti embora e começou a procurar outra para substituí-la.

18 junho

ESTER TORNA-SE RAINHA

Ester 2, 1-20

Passado algum tempo, os empregados do rei Assuero disseram:

– Que sejam trazidas até o rei moças de boa aparência e formosura. Então, aquela de que o rei gostar será rainha no lugar de Vasti.

O rei concordou e assim foi feito. Apareceram muitas moças, que foram levadas à casa do rei.

O rei gostou de uma moça chamada Ester, que não tinha pai nem mãe e havia sido criada por seu tio Mardoqueu.

Então, Ester foi escolhida para ser a nova rainha no lugar de Vasti.

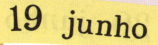

MARDOQUEU SALVA A VIDA DO REI ASSUERO

Ester 2, 21-23

Certo dia, Mardoqueu, tio da rainha Ester, estava sentado à porta do palácio quando ouviu a conversa de dois empregados que planejavam fazer mal ao rei.

Então, Mardoqueu contou à rainha Ester, que logo informou o rei Assuero.

Depois de investigar o caso, o rei Assuero mandou enforcar os dois empregados.

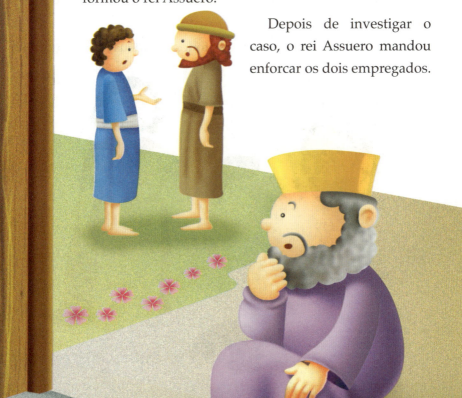

20 junho

HAMÃ PLANEJA MATAR OS JUDEUS

Ester 3, 1-15

Pouco tempo depois, o rei Assuero colocou Hamã acima de todos os príncipes do seu reino. E todos os empregados do rei inclinavam-se diante dele.

Porém, Mardoqueu amava a Deus, e não se inclinava diante de Hamã, que ficou muito chateado com isso. Então, Hamã disse ao rei Assuero que no meio do povo havia muitas pessoas que desobedeciam às leis.

Assim, o rei Assuero ordenou que todos os judeus fossem mortos.

21 junho

O PEDIDO DE MARDOQUEU À RAINHA ESTER

Ester 4, 1-9

Quando Mardoqueu soube da ordem do rei Assuero, ficou muito triste. Também houve grande tristeza entre o povo judeu de todas as cidades.

A rainha Ester soube do que estava acontecendo com seu tio Mardoqueu e pediu para um empregado do rei ir até ele e trazer notícias.

O empregado do rei voltou e contou à Ester tudo o que Mardoqueu havia dito.

Mardoqueu pediu para que Ester falasse diante do rei a favor do povo judeu, que era também o seu povo.

22 junho

ESTER CONVIDA O REI E HAMÃ PARA UM BANQUETE

Ester 5, 1-14; 7, 1-10

Depois dos últimos acontecimentos, a rainha Ester preparou um banquete e convidou o rei Assuero e Hamã. Ao chegar, Assuero perguntou à Ester o que ela desejava.

Ester pediu ao rei e a Hamã para voltarem à sua casa no dia seguinte e continuarem o banquete, e então ela revelaria o seu pedido ao rei.

No outro dia, Hamã e o rei Assuero voltaram, e a rainha Ester pediu pela vida dela e a de seu povo, pois Hamã desejava fazer mal ao povo de Israel. Então, Hamã foi enforcado.

23 junho

DIAS DE PURIM

Ester 9, 16-32

Os judeus, que eram amigos de Mardoqueu, lutaram contra seus inimigos e venceram! Depois de derrotarem os que não gostavam deles, fizeram festa.

Mardoqueu escreveu cartas aos judeus e disse para comemorarem a paz, e por estarem sem inimigos para fazer-lhes mal.

Aqueles dias foram chamados de Purim, que significa sorte, porque Hamã quis fazer o mal ao povo de Israel, mas não conseguiu, pois Ester amava o seu povo e o Senhor Deus.

24 junho

JÓ, UM HOMEM QUE AMAVA A DEUS

Jó 1, 1-12

Jó, um homem da terra de Uz, amava a Deus e sempre fazia o que era certo. Ele era um homem muito rico, dono de ovelhas, bois e vários trabalhadores, e vivia muito feliz com a mulher e seus dez filhos.

Jó respeitava tanto o Senhor que fazia ofertas a Deus por ele e também pelos filhos, dizendo:

– Se os meus filhos fizeram alguma maldade aos olhos do Senhor, estou fazendo ofertas a Deus para que os perdoe. O Senhor é amoroso e bondoso!

Jó era assim: um homem que amava a Deus e cuidava de sua família.

25 junho

JÓ PERDE A SUA RIQUEZA E SEUS FILHOS

Jó 1, 13-22

Jó acreditava muito em Deus. Um dia, um empregado chegou até ele e disse:

– Jó, estávamos cuidando dos animais e, de repente, apareceram uns homens maus que mataram seus empregados. Apenas eu estou vivo!

Nesse dia, Jó também perdeu os animais, alguns roubados e outros mortos. Todos os seus filhos morreram, pois a casa onde estavam desabou. Quando Jó soube o que aconteceu, rasgou a sua roupa e disse, adorando a Deus:

– Eu saí da barriga da minha mãe sem roupa e não vou levar nada quando morrer. O Senhor deu-me tudo e agora me levou tudo. Seja feita a vontade do meu Deus!

Com essas palavras, Jó não culpou Deus nem reclamou, pois era um homem de fé que amava o Senhor.

26 junho

JÓ FICA MUITO DOENTE

Jó 2, 1-13

Jó perdeu muita coisa: filhos, empregados e animais. Além dessas tristezas na vida, Jó ficou muito doente, com o corpo coberto de feridas que o incomodavam.

Quando a mulher de Jó o viu doente, disse:

– Você ainda acredita em Deus? Fale mal dele e morra!

Mas Jó respondeu:

– A nossa vida é assim! Acontecem coisas boas e ruins.

Jó não falou mal de Deus em momento algum e continuou acreditando no Senhor.

27 junho

DEUS ABENÇOA JÓ
Jó 42, 10-17

Enquanto Jó orava a Deus, o Senhor abençoou-o e deu-lhe muito mais do que havia perdido. Ele voltou a ter muitas ovelhas, muitos bois e camelos. Jó teve outros filhos e filhas, e naquela terra não existiam mulheres tão bonitas quanto as filhas dele.

Jó viveu 140 anos, e morreu na certeza e na confiança do amor de Deus por ele.

28 junho

A VERDADEIRA FELICIDADE

Salmos 1

O livro de Salmos contém orações e cânticos. Há diferentes autores no livro de Salmos, dentre eles, Davi, o jovem pastor de ovelhas. O Salmo 1 fala sobre a verdadeira felicidade. No texto, está escrito que felizes são as pessoas que não escutam conselhos ruins de quem não acredita em Deus. As pessoas que acreditam e ouvem os ensinamentos do Senhor são parecidas com árvores que estão na beira de um rio. Elas dão frutos e não murcham, ao contrário das pessoas más, que são parecidas com palha, pois a qualquer vento se espalham. O salmo termina dizendo que Deus abençoa as pessoas que seguem seus ensinamentos.

29 junho

O SENHOR É O MEU PASTOR

Salmos 23, 1-4

Davi gostava de música, e costumava escrever canções a Deus. Uma delas era assim: "O Senhor é como um pastor de ovelhas. E ele não vai deixar faltar em minha vida o que eu preciso para sobreviver. É Ele, o Senhor, que me faz descansar em campos verdes e me leva onde tem água tranquila. Ele me leva por um caminho seguro e, ainda que eu passe por muitos perigos, não preciso ter medo. O Senhor Deus está comigo, guiando-me com o seu cajado como um pastor de ovelhas".

30 junho

SEGURANÇA EM DEUS
Salmos 27

Neste salmo, Davi expressa a certeza da constante ajuda de Deus. Davi inicia o salmo afirmando que Deus é a sua luz, a sua salvação e, por isso, ele não tem medo algum, pois o Senhor o livra de todo o mal. E, mesmo que muitas coisas ruins aconteçam, ele sempre confiará em Deus.

Davi pede para que Deus permita que ele more na casa do Senhor, porque assim se sentirá feliz e maravilhado. Em seu cântico, ele pede compaixão, proteção, ajuda para andar no caminho que agrada a Deus, e termina dizendo para confiarmos no Senhor.

01 julho

É BOM ESTAR NA CASA DE DEUS

Salmos 84

"Como eu amo estar na sua casa, Senhor. A minha alma sente alegria e o meu coração pula de felicidade porque estou na presença do Senhor. Felizes são aqueles que moram neste lugar sagrado, o templo! Felizes são aqueles cuja força está construída e edificada no Senhor. O Senhor Deus é nosso escudo, e apenas um dia em sua casa vale mais que mil dias sem estar neste lugar. Deus não nega nenhum bem aos seus filhos. Felizes são aqueles que confiam no Senhor."

02 julho

UM SALMO DE ALEGRIA E AGRADECIMENTO

Salmos 100

Todas as terras devem alegrar-se no Senhor Deus. Vamos servir a Deus com alegria e estar na sua presença, cantando hinos a Ele: "O Senhor é Deus. Foi Ele que nos criou, somos Seu povo e pertencemos apenas a Ele. Vamos entrar na casa de Deus agradecendo por tudo o que Ele fez por nós. Vamos falar bem do Seu nome porque o nosso Deus é muito bom. A Sua bondade não tem fim e Ele nunca deixará de ser fiel aos seus filhos".

03 julho

DEUS NOS PROTEGE
Salmos 121

Levanto os meus olhos para as montanhas e pergunto-me:

– Quem poderá me socorrer?

A minha ajuda vem de Deus, pois foi Ele que fez o céu e a terra.

Ele vai cuidar de mim, para que os meus pés não tropecem. Ele é como um vigia que cuida de uma cidade. Ele não dorme, e isso é verdade. É Ele que guarda e protege os meus passos. Ele é a minha sombra, e nem o sol e a lua podem me fazer mal. Ele guarda a minha alma e guarda toda a minha vida, hoje e sempre.

04 julho

DEUS ME CONHECE
Salmos 139, 1-14

Davi escreveu um salmo para mostrar que Deus nos conhece: "O Senhor Deus me conhece. Ele sabe quando estou sentado ou em pé. Ele conhece os meus pensamentos. Antes que eu fale qualquer coisa, o Senhor já sabe o que vou dizer. Não consigo entender como o Senhor consegue saber de tudo isso. Fico admirado pelo Senhor, meu Deus. Será que existe um lugar onde posso me esconder do Senhor? Se eu subir aos Céus, lá o Senhor está. Se eu construir a minha casa em um buraco bem fundo, o Senhor também estará lá. Se a escuridão me cobrir e não houver luz onde eu estou, mesmo assim, o Senhor saberá onde estou. Foi o Senhor Deus que me formou na barriga da minha mãe e me construiu de forma bela e maravilhosa. O Senhor Deus conhece-me e sabe todas as coisas".

05 julho

VAMOS LOUVAR A DEUS

Salmos 150

Vamos louvar a Deus em Sua casa. Vamos louvá-lo pelo que fez por nós e pelo Seu grande poder.

Vamos louvar a Deus com tudo o que somos e temos.

Vamos louvá-lo com instrumentos de cordas, de sopro, tambores e danças.

Todos que respiram e têm vida sobre a Terra devem louvar ao Senhor.

06 julho

HÁ TEMPO PARA TUDO

Eclesiastes 3, 1-8

Na Bíblia, há livros que ensinam coisas sábias e boas. Um desses livros é chamado Eclesiastes. Esse livro fala sobre o ser humano e a sua vida neste mundo. No livro de Eclesiastes, podemos aprender uma importante mensagem sobre o tempo: "Há tempo para tudo. Há tempo para fazer muitas coisas sobre a terra. Há tempo para nascer e morrer. Há tempo para plantar e colher o que se plantou. Há tempo para derrubar ou construir alguma coisa. Há tempo para chorar, mas também para rir. Tempo para ficar triste ou pular de alegria. Há tempo para abraçar ou não querer abraçar os outros. Há tempo em que perdemos, mas também há tempo em que ganhamos. Há tempo para falar ou ficar calado. Há tempo para amar ou ficar chateado. Há tempo para guerra, mas há tempo para estar em paz".

07 julho

DANIEL E SEUS AMIGOS COM O REI
Daniel 1, 1-2

O povo estava na Babilônia e o rei pediu para que jovens judeus, de boa aparência, aprendessem a ser sábios e também a falar a língua babilônica. O desejo do rei era de que esses jovens ficassem no seu palácio.

Dentre os jovens escolhidos havia um que se chamava Daniel. Deus deu conhecimento a Daniel e a seus amigos, mas, a Daniel, o Senhor deu sabedoria de todas as visões e todos os sonhos. Quando os jovens estavam preparados, foram levados até o rei Nabucodonosor. Mas ninguém era como Daniel e seus amigos. A partir desse dia, eles passaram a estar na presença do rei.

O SONHO DE NABUCODONOSOR

Daniel 2, 1-49

Um dia, o rei Nabucodonosor teve um sonho, mas nenhum de seus sábios foi capaz de dizer o que significava. Então, Daniel contou ao rei:

– Há um Deus no Céu que me mostrou o significado de seu sonho. A cabeça de ouro da estátua é o senhor. Depois de seu reino, virá um reino de metal, e depois um de bronze, que dominará a Terra. O quarto reino será forte como o ferro. Os pés de ferro e de barro da estátua significam um reino dividido. Mas virá um reino que destruirá todos, ficando na Terra para sempre.

Então, o rei ajoelhou-se e confessou que Deus era o Senhor dos reis, e começou a tratar Daniel como alguém importante, mantendo-o no palácio com seus amigos Sadraque, Mesaque e Abede-Nego.

09 julho

OS AMIGOS DE DANIEL NO FORNO
Daniel 3, 1-30

O rei Nabucodonosor fez uma estátua de si mesmo e decretou que, quando as trombetas tocassem, todas as pessoas deveriam adorar a estátua de joelhos.

Assim aconteceu. Porém, Sadraque, Mesaque e Abede-Nego não fizeram isso, e Nabucodonosor mandou jogá-los vivos em um grande forno. Para a grande surpresa do rei, ele viu que havia quatro homens na fornalha. Deus enviou um anjo para cuidar deles, por isso não tiveram nem mesmo um fio de cabelo queimado.

Ao ver isso, o rei chamou os três jovens e deu glórias ao Senhor pelo cuidado que tinha com eles.

10 julho

DANIEL NA COVA DOS LEÕES

Daniel 5, 30-31; 6, 1-28

Quando os babilônios perderam o poder sobre suas terras, passaram a ser dominados por outro povo, os medos. Seu rei era Dario. Ele gostava muito de Daniel e sabia que Deus o acompanhava. Mas havia homens no reino que queriam prejudicá-lo. Certa vez, eles convenceram o rei a decretar que, se durante 30 dias alguém orasse ou pedisse algo a Deus, seria jogado na cova dos leões. Como Daniel não deixou de fazer suas orações, ele foi jogado na cova.

O rei não queria que isso tivesse acontecido, e, bem cedo, na manhã seguinte, procurou por Daniel. Deus tinha enviado um anjo que acalmou os leões para não ferirem seu servo. O rei ficou muito feliz ao ver Daniel e mandou jogar na cova dos leões aqueles que desejaram fazer mal a ele. Depois, fez um documento afirmando que todos do seu reino deveriam respeitar o poderoso Deus de Daniel.

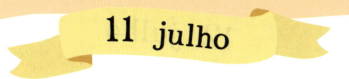

JONAS E O GRANDE PEIXE

Jonas 1, 1-17

Certa vez, a palavra de Deus veio a Jonas, o profeta:

– Jonas, vá até a cidade de Nínive e avise o povo que, se eles não pararem de fazer o mal, eu os destruirei.

Jonas não atendeu a voz de Deus. Ele sabia que o povo de Nínive era mau, mas não queria que ouvisse a voz de Deus. Então, Jonas entrou em um navio para Tarsis, em vez de ir para Nínive.

Durante a viagem, houve fortes ventos e tempestade sobre o mar. O navio estava quase destruído pela força da chuva e do vento. Todos estavam com medo, e começaram a pedir ajuda aos deuses. Nesse momento, Jonas foi acordado pelos marinheiros, e logo entendeu que havia deixado Deus muito triste. Então, ele pediu para ser lançado ao mar, pois só assim a tempestade pararia.

Os homens lançaram o profeta ao mar e, no mesmo instante, o céu clareou e o mar acalmou. Deus enviou um grande peixe para engolir Jonas, e ele ficou três dias na barriga desse peixe.

12 julho

JONAS ORA A DEUS

Jonas 2, 1-10

Quando Jonas estava na barriga do grande peixe, orou a Deus:

- Eu chamei o Seu nome quando fiquei triste. O Senhor respondeu-me e ouviu a minha voz. A minha oração subiu ao Senhor e a Deus pertence a salvação.

Depois disso, Deus falou com o grande peixe, que logo colocou Jonas para fora da barriga.

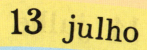
13 julho

JONAS FALA A PALAVRA DE DEUS EM NÍNIVE

Jonas 3, 1-4

Deus procurou Jonas novamente e disse-lhe:

– Vá até Nínive. Fale a esse povo sobre a minha palavra e o que desejo fazer se eles não deixarem de praticar o mal.

Então, Jonas foi a Nínive e anunciou:

– Daqui a 40 dias, Nínive será destruída.

14 julho

O ARREPENDIMENTO DO POVO DE NÍNIVE

Jonas 3, 5-10

Quando o povo de Nínive ouviu a palavra de Deus por meio de Jonas, acreditou no Senhor. Todos se arrependeram, tanto os idosos quanto os jovens.

A notícia chegou aos ouvidos do rei, e ele também se arrependeu. O rei de Nínive anunciou ao povo que todos deveriam arrepender-se do mal que costumavam fazer.

Deus viu o arrependimento no coração dos ninivitas e, a partir daí, decidiu não os destruir mais.

15 julho

DEUS AMA ACIMA DE QUALQUER COISA

Jonas 4, 1-11

O povo de Nínive arrependeu-se, mas Jonas não gostou disso, pois não amava aquela gente.

Então, Jonas saiu da cidade e montou um abrigo para não ficar no sol. Deus fez uma grande planta nascer ali para dar-lhe sombra, e Jonas ficou muito alegre com isso. No outro dia, a planta secou e Jonas ficou muito chateado.

Então, Deus disse a ele:

– Jonas, você ficou chateado porque uma planta morreu e teve pena dela. Será que eu não devo ter piedade e amar o povo de Nínive, que vale mais do que uma planta?

Assim, Jonas entendeu que Deus ama acima de qualquer coisa, e que, se nos arrependermos, o Senhor sempre nos perdoará.

16 julho

O AMOR DO SENHOR PELO SEU POVO

Miqueias 7, 8-19

O profeta Miqueias escreveu estas palavras ao povo: "Sofremos porque fizemos o que é mal perante Deus, mas só Ele sabe se realmente erramos ou não. Nossos inimigos podem perguntar: 'Onde está o seu Deus?'. E eu posso dizer que todos verão o poder de Deus, e seremos cuidados por Ele, como um pastor cuida de suas ovelhas. Os povos que não adoram a Deus verão o amor Dele por nós e sentirão vergonha de Seu poder. Apenas Deus nos perdoa, não guarda raiva e fica feliz em ser bom com o Seu povo. É Ele que pisa nos nossos erros e os joga no fundo do mar".

17 julho

O NASCIMENTO DE JOÃO BATISTA É ANUNCIADO

Lucas 1, 5-25

O sacerdote Zacarias vivia na terra de Israel. Sua esposa, Isabel, não podia gerar filhos.

Um dia, Zacarias estava no templo quando o anjo Gabriel surgiu e disse-lhe:

– Não tenha medo! Deus é bom, ouviu sua oração e lhe atenderá. A sua esposa ficará grávida e terá um filho, que deverá se chamar João.

Ao ouvir isso, Zacarias não acreditou nas palavras do anjo, pois ele e sua esposa já eram idosos.

– Você duvidou, por isso ficará mudo até que seu filho nasça – Gabriel lhe falou e desapareceu.

Quando saiu do templo, Zacarias estava mudo. Pouco tempo depois, Isabel engravidou, e Zacarias viu a verdade. O Senhor havia ajudado Isabel e ninguém mais a desprezaria por não ter um filho.

18 julho

O ANÚNCIO DO NASCIMENTO DE JESUS

Lucas 1, 26-38

Isabel estava no sexto mês de gestação quando Deus enviou o anjo Gabriel a uma pequena cidade da Galileia, onde morava Maria, uma jovem serva do Senhor que ia se casar com José.

Ao ver o anjo, Maria se assustou, mas ele a acalmou e disse-lhe:

– Você foi escolhida por Deus para dar à luz um menino, que se chamará Jesus.

– Como isso acontecerá, se ainda não sou casada? – Maria perguntou ao anjo.

– O Espírito Santo descerá sobre você e a envolverá. Nada é impossível para Deus.

Muito contente, Maria falou que estava pronta para cumprir a vontade de Deus, e o anjo partiu.

19 julho

MARIA VISITA ISABEL

Lucas 1, 39-56

Depois de alguns dias, Maria foi visitar sua prima Isabel em uma cidade na região da Judeia. Quando chegou à casa de Zacarias, cumprimentou Isabel. Ao ouvir a saudação de Maria, o bebê de Isabel se mexeu em sua barriga. Então, ela disse bem alto:

– Como você é abençoada, Maria, e a sua criança também. Quem sou eu para receber a visita da mãe do meu Salvador?

Maria cantou em agradecimento a Deus pela bênção recebida. Ela ficou três meses na casa de Isabel e, depois, foi embora.

20 julho

O NASCIMENTO DE JOÃO BATISTA

Lucas 1, 57-66

Os nove meses de gravidez de Isabel completaram-se, e um lindo menino nasceu, como o anjo anunciara a Zacarias. Os vizinhos ficaram muito contentes por Isabel e sabiam da bondade de Deus.

Eles queriam dar à criança o nome de Zacarias, como o pai, mas Isabel disse que ele se chamaria João. Então, Zacarias escreveu em uma tábua confirmando que o nome seria João.

Zacarias, que estava mudo, começou a falar naquele instante. Todos ficaram admirados. Ele louvou a Deus com um belo cântico.

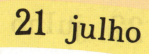

UM ANJO APARECE A JOSÉ

Mateus 1, 18-25

José era o noivo de Maria. Quando soube da gravidez de sua noiva, quis desistir do casamento. Mas, certo dia, enquanto pensava sobre o assunto, adormeceu, e um anjo apareceu em seu sonho, dizendo:

– Não tenha medo, José! Case-se com Maria. Ela está grávida porque foi escolhida por Deus para ser a mãe da criança que salvará o mundo. Nascerá um lindo menino, e você colocará nele o nome de Jesus. Tudo isso está acontecendo para que a vontade de Deus seja cumprida.

Quando José acordou, não teve mais dúvidas, casou-se com Maria e esperou alegremente a chegada do Salvador.

22 julho

O NASCIMENTO DE JESUS

Lucas 2, 1-7

Maria já estava perto de ter o seu bebê, quando o imperador César Augusto ordenou que se contassem todos os que haviam nascido em Belém, a cidade de Davi.

José, como era da casa e da família de Davi, teve de ir para lá com Maria. Quando chegaram, a cidade estava tão cheia que não havia mais hospedarias. O único lugar que encontraram foi uma estrebaria, onde ficavam os animais, e ali Maria deu à luz um menino. Ela o envolveu em panos e o colocou em uma manjedoura.

23 julho

OS PASTORES E OS ANJOS

Lucas 2, 8-21

Na região em que Jesus nascera, havia um grupo de pastores que vigiava os seus rebanhos. De repente, surgiu um anjo que lhes disse:

– Não fiquem assustados, pois trago uma notícia maravilhosa: nasceu hoje em Belém o Salvador, o Messias prometido. Vão até lá, e vejam uma criança enrolada em panos em uma manjedoura.

Em seguida, um grupo de anjos apareceu glorificando a Deus.

Então, os pastores foram até Belém e encontraram Maria, José e a criança na manjedoura. Os pastores, muito admirados, foram embora louvando a Deus pela boa-nova.

Oito dias depois, os pais deram o nome de Jesus ao menino, assim como o anjo havia pedido à Maria.

24 julho

OS VISITANTES DO ORIENTE

Mateus 2, 1-12

Quando Jesus nasceu, alguns magos notaram algo diferente nas estrelas. Eles foram do Oriente a Jerusalém perguntar se o rei Herodes sabia onde o Messias havia nascido, pois tinham visto a sua estrela e queriam adorá-lo.

Herodes ficou furioso, mas fingindo ter gostado da notícia, disse aos magos:

– Vão até Belém, adorem o menino e venham me contar, para que eu também possa adorá-lo.

No caminho, a estrela apareceu novamente, e guiou os magos até o menino. Eles levaram presentes e o adoraram. Antes de partir, tiveram um sonho, e decidiram mudar o caminho de volta e não contar nada a Herodes.

25 julho

A FUGA PARA O EGITO

Mateus 2, 13-20

Quando Herodes percebeu que os magos não apareceriam para dizer onde Jesus estava, ficou com raiva e ordenou que matassem todos os meninos com menos de 2 anos de idade.

Então, à noite, José sonhou com um anjo do Senhor que dizia:

– Pegue o menino e sua mulher e fujam para o Egito, pois o rei Herodes quer matar o garoto.

José levantou-se no meio da noite e partiu para o Egito. Eles ficaram lá até o anjo aparecer de novo no sonho de José, avisando que sua família podia partir, pois Herodes havia morrido com outros que queriam matar Jesus.

26 julho

JESUS É APRESENTADO NO TEMPLO

Lucas 2, 22-40

Naquela época, era costume levar as crianças que nasciam para serem apresentadas no templo. Chegou o dia de Maria e José fazerem isso com Jesus. Simeão, um homem que dedicava sua vida a Deus, sempre dizia que não poderia morrer sem antes ver o Messias prometido. Ele foi ao templo no mesmo dia que José e Maria. Quando os pais apresentaram Jesus ao Senhor, Simeão pegou a criança nos braços, deu glória a Deus por poder ver o Salvador e disse:

– Esta criança foi escolhida para salvar muita gente.

Uma viúva chamada Ana, que vivia no templo adorando a Deus, ficou muito feliz ao ver a criança. Começou a louvá-la e a contar a todos sobre Jesus. Depois da apresentação, Maria e José levaram Jesus para casa, e Ele cresceu forte, saudável e cheio de sabedoria.

27 julho

O MENINO JESUS E OS MESTRES DA LEI

Lucas 2, 41-52

Ao completar 12 anos, Jesus foi com seus pais, José e Maria, até Jerusalém, como de costume, para a festa de Páscoa.

Quando a festa acabou, todos partiram, mas Jesus ficou em Jerusalém sem que José e Maria soubessem. Eles pensaram que Jesus estivesse com algum outro grupo de pessoas e o procuraram pelo caminho, mas não o encontraram. Então, eles voltaram a Jerusalém e encontraram Jesus no templo, ouvindo, perguntando e ensinando os mestres da lei.

A mãe de Jesus disse:

– Meu filho, por que você fez isso? Eu e seu pai estávamos preocupados à sua procura.

– Por que estavam me procurando? Vocês não sabiam que eu estava na casa de meu Pai? – disse Jesus.

28 julho

A MENSAGEM DE JOÃO BATISTA

João 1, 19-28

João estava em Jerusalém, no povoado de Betânia, e alguns líderes lhe perguntaram:

– Quem é você, o Messias?

João Batista respondeu:

– Eu não sou quem vocês pensam.

Os líderes insistiram:

– Você é um profeta?

João novamente negou. Os líderes disseram:

– Se você não é o Salvador, por que batiza as pessoas?

João respondeu:

– Realmente eu as batizo, mas depois de mim virá outra pessoa com poder e glória. Eu não posso ser comparado a Ele.

Quando disse isso, João estava se referindo a Jesus, o Messias.

29 julho

O BATISMO DE JESUS

Mateus 3, 13-17

Jesus estava nos arredores do Rio Jordão e pediu para que João Batista o batizasse. João disse:

– Eu é que preciso ser batizado por você!

Jesus respondeu:

– Deixe que seja assim agora, pois é a vontade de Deus.

João batizou Jesus no Rio Jordão e, no mesmo instante, surgiu uma voz do céu, que disse:

– Esse é o meu filho amado, que me dá muita alegria.

30 julho

A TENTAÇÃO DE JESUS
Mateus 4, 1-11

Depois do batismo, Jesus foi ao deserto. Ele passou 40 dias sem comer e beber. O diabo apareceu, desafiando-o a transformar pedras em pães. Jesus falou:

– Nem só de pão viverá o homem, mas de toda a palavra que sai da boca de Deus.

O diabo o levou ao topo de um templo e falou que, se Jesus era mesmo o Filho de Deus, poderia se lançar dali, pois os anjos cuidariam Dele. Porém, Jesus disse que não se deve tentar a Deus.

Por fim, no topo de um monte muito alto, o diabo prometeu dar a Jesus todos os reinos da Terra se Ele se ajoelhasse e o adorasse. Jesus pediu para que ele fosse embora, pois as Escrituras dizem: "Ao Senhor teu Deus adorarás e só a Ele servirás". Assim, o diabo partiu.

31 julho

OS PRIMEIROS DISCÍPULOS DE JESUS

João 1, 35-42

João Batista conversava com dois de seus discípulos, quando viu Jesus passar e disse:

– Aí está o Cordeiro de Deus!

Eles entenderam que aquele homem era Jesus, o Messias, e o seguiram.

André, que era um dos dois discípulos, quando encontrou Simão Pedro, seu irmão, chamou-o para ir até onde estava o Messias.

Quando chegaram, Jesus olhou para Simão e disse que ele era filho de Jonas, mas seu nome seria Cefas (o mesmo que Pedro, que significa pedra).

Esses foram os primeiros discípulos de Jesus.

01 agosto

JESUS CHAMA FILIPE E NATANAEL

João 1, 43-50

Antes de partir para a Galileia, Jesus encontrou Filipe e o convidou para segui-lo. Então, Filipe foi contar a Natanael sobre o convite.

Quando chegaram, Jesus aproximou-se e disse que já havia visto Natanael embaixo de uma figueira. Admirado, Natanael disse que Jesus era realmente o Filho de Deus.

– Se você acreditou em mim só porque eu disse que o vi debaixo da figueira, ainda verá muitas outras coisas – Jesus falou.

02 agosto

JESUS VAI A UM CASAMENTO
João 2, 1-12

No povoado de Caná, na Galileia, Jesus, sua mãe e os discípulos participavam de uma festa de casamento. A mãe de Jesus disse-lhe que o vinho havia acabado, mas Ele respondeu que ainda não tinha chegado a sua hora. Ela disse aos empregados da festa para que fizessem o que Jesus ordenasse.

Jesus pediu aos empregados para que enchessem seis potes com água e os levassem ao mestre-sala.

Quando o mestre-sala provou a água, ela havia sido transformada em vinho! Ele ficou surpreso e elogiou o noivo por estar servindo um vinho tão bom. Este foi o primeiro milagre de Jesus.

03 agosto

A PESCA MARAVILHOSA
Lucas 5, 1-11

Um dia, Jesus estava pregando a palavra de Deus próximo ao Lago de Genesaré. Ele viu dois barcos vazios perto da praia, entrou em um deles, afastou-se da praia e começou a pregar de lá. Ao terminar, disse a Simão:

– Levem o barco ao mar alto e joguem suas redes para pescar.

– Mestre, trabalhamos a noite toda e não pescamos nada! Mas, se o Senhor ordena, eu obedeço – Simão respondeu.

Quando jogaram as redes, pegaram tanto peixe que precisaram da ajuda do outro barco.

– Afaste-se de mim, Senhor, pois sou um pecador! – disse Simão, ajoelhando-se diante de Jesus.

– Não tenha medo. De agora em diante, você será pescador de pessoas – disse Jesus.

Tiago e João, que também ficaram surpresos com a pesca, seguiram Jesus e Simão.

04 agosto

JESUS E MATEUS

Mateus 9, 9-13; Marcos 2, 13-17; Lucas 5, 27-32

Um dia, Jesus encontrou Mateus, um cobrador de impostos conhecido como Levi. Esses cobradores, chamados de publicanos, eram odiados pelos judeus por cobrarem impostos para Roma. Mateus era um deles e estava sentado perto de onde os impostos eram pagos. Ao vê-lo, Jesus chamou-o para segui-lo. E ele obedeceu.

À noite, enquanto Jesus e os discípulos jantavam com outros publicanos, alguns fariseus perguntaram ao Senhor por que ele comia com pessoas de má fama.

– Porque eu não vim chamar os justos, mas os pecadores, ao arrependimento – respondeu-lhes Jesus.

05 agosto

OS APÓSTOLOS DE JESUS

Mateus 10, 1-14; Marcos 6, 7-13; Lucas 9, 1-6

Jesus chamou seus 12 discípulos, aos quais deu o nome de apóstolos: Pedro e seu irmão, André; Tiago; João; Filipe; Bartolomeu; Mateus; Tiago; Tomé; Tadeu; Simão e Judas Iscariotes, que foi o seu traidor. Jesus os enviou para que cumprissem a missão de anunciar o Evangelho e o Reino de Deus, assim, muitos poderiam ser salvos. Jesus deu a eles poderes para curar os doentes e disse:

– Não levem nada nessa viagem e hospedem-se onde forem acolhidos. Se forem mal recebidos em algum lugar, saiam imediatamente.

Assim, eles foram a vários povoados anunciar o Evangelho e curar os doentes.

06 agosto

JESUS ENSINA E CURA

Mateus 4, 23-25

Jesus andava por toda a região da Galileia, pregando e ensinando sobre o Reino de Deus nas sinagogas.

Além de pregar, Ele também curava muitos enfermos, que apareciam com os mais variados tipos de doenças.

A notícia se espalhou e, ao verem que Jesus podia curar pessoas de diversas regiões, acreditaram no Senhor e o seguiram. Uma multidão acompanhava Jesus para onde Ele fosse.

07 agosto

O SERMÃO DA MONTANHA

Mateus 5, 1-12

Muitos eram os seguidores de Jesus. Quando Ele viu isso, subiu em um monte e disse:

– Alegres são os pobres de espírito porque é deles o Reino dos Céus; são os que choram, porque Deus será o consolo; são os humildes, pois Deus dará o prometido; são aqueles que fazem a vontade de Deus; são os piedosos, pois Deus terá piedade deles também; são aqueles que têm o coração sincero, pois eles verão Deus; são os que buscam a paz, pois Deus irá tratá-los como filhos; são os perseguidos pela causa de Deus, pois deles será o Reino dos Céus; são os insultados por seguirem a Deus. Fiquem felizes, pois há uma boa recompensa para vocês no Céu.

08 agosto

O SAL E A LUZ

Mateus 5, 13-16

E voltando-se aos discípulos, Jesus disse:

– Vocês são como o sal, mas se o sal perde o sabor, não serve para nada, ele é jogado fora e pisoteado. Vocês também são como a luz que ilumina o mundo. Não há como esconder uma cidade que está sobre um monte, assim como não se acende uma lamparina dentro de casa para deixá-la em um lugar onde não possa iluminar, mas sim onde possa iluminar toda a casa. Portanto, vocês devem ser assim: luz para que as pessoas apreciem as coisas boas que vocês fazem e louvem o Pai, que está nos Céus.

09 agosto

AMAR OS INIMIGOS

Mateus 5, 43-48

Jesus deu uma sugestão às pessoas:

– Vocês já ouviram: "Ame somente seus amigos e odeie seus inimigos". Pois eu digo a vocês: amem seus amigos e amem também seus inimigos, pois Deus manda o sol e a chuva tanto para as pessoas boas, quanto para as más. Quem ama somente os amigos não faz nada de grandioso. Até as pessoas más fazem isso. Portanto, façam o bem e amem seus inimigos sem querer receber algo em troca, pois, assim, vocês terão a grande recompensa de Deus.

10 agosto

DEUS E AS RIQUEZAS

Mateus 6, 24-34

Jesus disse:

– Um empregado não poderá servir a dois patrões ao mesmo tempo, pois será fiel a um e desonesto ao outro. Da mesma maneira, o homem também não pode servir ao dinheiro e a Deus.

Jesus continuou:

– Não se preocupem tanto com roupas, sapatos, comida e bebida, pois a vida é muito mais importante. Os passarinhos não guardam comida, mas Deus dá comida a eles. Deus sabe de tudo o que as pessoas precisam, portanto, não se preocupem com coisas pequenas, mas sim com o Reino dos Céus, que é mais importante que as outras coisas. Deus dará conforme a necessidade de cada um.

11 agosto

OS DOIS ALICERCES

Lucas 6, 46-49

Certo dia, Jesus disse ao povo que o seguia:

– A pessoa que ouve, acredita e segue os ensinamentos de Deus é como o homem sábio que construiu sua casa sobre a rocha. Quando chegou o tempo da forte chuva e da ventania, a casa não foi destruída. Mas a pessoa que não acredita nem segue os ensinamentos de Deus é como o homem que construiu sua casa na areia. Quando caiu a chuva e o vento veio muito forte, tudo foi destruído, e nada sobrou.

12 agosto

A CURA DE UM LEPROSO

Mateus 8, 1-4; Marcos 1, 40-45; Lucas 5, 12-14

Jesus estava com uma multidão. Do meio de tanta gente, surgiu um leproso que disse:

– Senhor, sei que pode me curar se quiser.

Compadecido daquele homem, Jesus falou:

– Você está curado. Agora vá e peça para ser examinado pelo sacerdote, e não conte nada a ninguém.

Mas a alegria daquele homem era tanta, que ele saiu anunciando o poder de Jesus para curar pessoas.

13 agosto

JESUS CURA UM EMPREGADO

Mateus 8, 5-13

Quando Jesus chegou à cidade de Cafarnaum, um oficial romano muito triste o procurou e disse:

– Senhor, o meu servo está em minha casa muito doente, quase morto, e sofrendo muito.

Jesus disse:

– Vamos até sua casa. Eu vou curá-lo.

O oficial respondeu:

– Não sou digno de Sua presença em minha casa. Somente dê uma ordem para que meu empregado se cure.

Ao ouvir isso, Jesus disse para a multidão:

– Nunca vi tanta fé, nem entre o povo de Israel.

Então, Jesus mandou o oficial para casa, pois o seu empregado já estava curado.

14 agosto

O FILHO DA VIÚVA
Lucas 7, 11-17

Jesus estava a caminho de uma cidade chamada Naim. Quando chegou lá, viu uma multidão que ia ao enterro do único filho de uma viúva.

Jesus, com muito amor e piedade, aproximou-se da mulher e disse para ela não chorar.

Chegando perto do corpo do menino, disse:

– Levante-se!

O menino voltou a viver, e todos ficaram maravilhados com o milagre.

15 agosto

OS SEGUIDORES DE JESUS

Lucas 9, 57-62

Um homem disse a Jesus que estava preparado para segui-lo por toda parte.

– As raposas e os pássaros têm lugar para ficar, mas o Filho de Deus não – respondeu Jesus.

O Senhor convidou outro homem para segui-lo, e ele respondeu que, antes, tinha de enterrar seu pai.

– Deixe que os mortos enterrem os seus mortos. O Reino dos Céus é mais importante, portanto, venha comigo pregar o Evangelho.

Outra pessoa disse a Jesus que queria segui-lo, mas precisava despedir-se de seus familiares primeiro. Jesus falou:

– Quem inicia a aragem da terra e olha para trás também não serve para anunciar o Reino de Deus.

16 agosto

JESUS CURA MUITAS PESSOAS
Mateus 8, 14-17; Marcos 1, 29-39

Jesus foi à casa de Pedro, pois a sogra deste estava com uma febre muito alta. Jesus chegou perto dela, tocou-a, e a febre passou.

Ao anoitecer, muitas pessoas estavam reunidas em frente à casa de Pedro e traziam amigos e parentes com vários tipos de enfermidades. Jesus curou todos.

No outro dia bem cedo, Jesus foi a um lugar deserto para orar, e os discípulos saíram à sua procura. Ao encontrá-lo, disseram que havia uma multidão à espera Dele. Então Jesus respondeu que eles precisavam anunciar o Evangelho em outras cidades, pois foi para isso que Deus o tinha enviado.

Jesus e seus discípulos andaram por toda parte ensinando a palavra de Deus.

17 agosto

A TEMPESTADE

Mateus 8, 23-27

Certo dia, os discípulos navegavam em um barco no mar. Jesus estava com eles, mas dormindo. Tudo parecia tranquilo, mas, de repente, um vento muito forte surgiu, derrubando tudo. Os discípulos ficaram com muito medo e acordaram Jesus, pedindo socorro.

Então, Jesus pediu ao vento e às ondas para que se acalmassem, e tudo voltou ao normal.

18 agosto

O PARALÍTICO DE CAFARNAUM

Mateus 9, 1-8

Jesus falava sobre a salvação em uma casa em Cafarnaum, quando algumas pessoas trouxeram um homem paralítico em uma cama. Como a casa estava muito cheia, os homens não conseguiram entrar com o amigo pela porta. Então, tiveram a ideia de entrar pelo telhado.

– Meu amigo, todos os seus pecados estão perdoados – disse Jesus ao paralítico ao ver a fé daqueles homens.

Jesus também sabia que os escribas ali presentes duvidariam do poder que Ele tinha.

– Levante-se e ande! – pediu Jesus ao paralítico.

O homem levantou-se, andou e foi para casa, louvando e agradecendo a Deus pelo milagre.

19 agosto

JESUS E O SÁBADO

Mateus 12, 1-8

Em um sábado, Jesus e os discípulos passavam por uma plantação de trigo e começaram a pegar espigas para comer. Alguns fariseus, que sempre procuravam provas para acusar Jesus, ao verem aquilo, disseram a Jesus que seus discípulos estavam fazendo o que a lei proibia que fosse feito no sábado.

Jesus respondeu que, se eles soubessem o que está nas Escrituras, não julgariam quem não tem culpa, pois o Filho de Deus tem autoridade sobre o sábado.

20 agosto

O PEDIDO DE JAIRO

Marcos 5, 21-24

Jairo morava na Galileia e era chefe da sinagoga. Ele estava muito triste, porque sua filha tinha uma doença muito grave e estava morrendo.

Ao saber que Jesus estava na cidade, foi ao seu encontro e pediu de joelhos:

– Senhor Jesus, minha filha está muito doente. Vamos até a minha casa para que possa curá-la.

Muito compadecido, Jesus foi com Jairo.

21 agosto

UMA MULHER TOCA EM JESUS E É CURADA

Marcos 5, 25-34

Muitas pessoas seguiam Jesus até a casa de Jairo. Naquela multidão, havia uma mulher que também estava muito doente fazia 12 anos. Ela já tinha ouvido falar de Jesus e de seus ensinamentos, por isso, aproximou-se e tocou Sua roupa. Então, a mulher foi curada. No mesmo instante, Jesus sentiu que alguém o havia tocado, e perguntou aos discípulos quem tinha sido. Mas os discípulos responderam que era muito difícil saber, pois havia muitas pessoas ali.

Jesus continuou a observar. A mulher, com muito medo, disse que tinha sido ela, e Jesus respondeu:

– Mulher, você está curada, pois sua fé a curou. Pode ir em paz para casa.

22 agosto

JESUS E A FILHA DE JAIRO

Marcos 5, 35-43

Jesus ainda estava a caminho quando um dos empregados de Jairo os alcançou e disse que a menina já havia morrido.

– Não fique triste nem com medo. Tenha muita fé, que tudo ficará bem – disse Jesus.

Quando Jesus chegou à casa de Jairo, todos choravam, porque não existia mais solução.

– Não chorem, pois a garota não está morta, apenas dormindo.

Ao ouvirem essas palavras, as pessoas riram, mas Jesus, segurando a mão da menina, disse:

– Levante-se!

No mesmo instante, a menina voltou à vida. Todos ficaram admirados, e seus pais, muito agradecidos a Jesus.

23 agosto

A CURA DE DOIS CEGOS

Mateus 9, 27-31

Jesus estava caminhando, quando dois cegos gritaram:

– Mestre, tenha pena de nós.

Jesus perguntou:

– Vocês acreditam que eu possa curá-los?

– Sim, acreditamos! – responderam eles.

Jesus tocou nos olhos deles e, por causa de sua fé, os dois cegos foram curados. Então, Jesus disse:

– Vocês não devem contar isso a ninguém.

Mas os dois foram para casa espalhando a notícia da cura.

24 agosto

JESUS E O HOMEM DA MÃO ALEIJADA

Mateus 12, 9-14

Era sábado, dia considerado santo pelos judeus, e Jesus ensinava na sinagoga. Perto dali, havia um homem que tinha uma mão aleijada. Algumas pessoas que estavam por lá disseram:

– Não é permitido curar aos sábados.

Jesus respondeu:

– Se você tiver uma ovelha e, justamente no sábado, ela cair em um buraco, certamente você vai ajudá-la. Portanto, a lei permite ajudar o próximo aos sábados.

E Jesus curou o homem. Os fariseus que ali estavam foram embora furiosos, fazendo planos contra Jesus.

25 agosto

O HOMEM SURDO É CURADO

Marcos 7, 31-37

Jesus estava perto da cidade de Tiro e resolveu partir para a Galileia. Ao chegar, vieram algumas pessoas com um homem surdo e que quase não falava, e pediram a Jesus que o curasse. Jesus teve piedade do homem e, por isso, afastou-o da multidão que o cercava. Em seguida, Ele colocou os dedos nos ouvidos do homem, e passou a mão com saliva na língua dele. Depois, disse:

– Abra-se!

E o homem começou a escutar e a falar com facilidade. Jesus pediu para as pessoas não comentarem o ocorrido, mas logo elas saíram contando sobre o milagre.

26 agosto

OS MENSAGEIROS DE JOÃO BATISTA

Mateus 11, 1-6

Ao saber que Jesus pregava a Palavra de Deus e curava os enfermos, João Batista enviou alguns mensageiros até Ele, e os mensageiros lhe perguntaram:

— Jesus, o Senhor é o Messias ou devemos esperar outro?

Então, Jesus respondeu:

— Vejam quantas pessoas estão curadas e contem a João o que vocês viram e ouviram. Felizes são aqueles que não duvidam de mim.

27 agosto

JESUS NA CASA DE SIMÃO, O FARISEU

Lucas 7, 36-50

Enquanto Jesus jantava na casa de Simão, o fariseu, uma mulher chegou aos pés do Senhor, lavou-os com suas lágrimas e secou-os com seus cabelos.

O fariseu duvidou de Jesus, pensando que, se fosse o Messias, saberia da má fama daquela mulher.

Então, Jesus contou a história de um homem que perdoou a dívida de duas pessoas, uma lhe devia 50 moedas e a outra, 500. Depois, perguntou a Simão qual dos devedores seria mais agradecido, e o fariseu respondeu que seria aquele que tinha a maior dívida.

Ao ouvir isso, Jesus virou-se para a mulher e disse-lhe:

– Vá em paz, pois seus pecados estão perdoados. A sua fé a salvou.

28 agosto

O PEDIDO DE UM MILAGRE

Mateus 16, 1-4

Alguns fariseus chegaram perto de Jesus e começaram a conversar com Ele, pois queriam, de qualquer maneira, uma prova que o acusasse.

Assim, pediram que Jesus fizesse um milagre para provar que realmente tinha poder.

Jesus respondeu:

– As pessoas de hoje são muito más e precisam de um milagre para acreditar, mas nenhum milagre será feito para vocês.

Jesus saiu daquele lugar muito triste com os fariseus.

29 agosto

O SEMEADOR

Mateus 13, 1-9; Marcos 4, 1-9; Lucas 8, 4-8

Certa vez, Jesus estava perto do Mar da Galileia com uma multidão quando contou esta parábola:

– Um homem saiu para semear e deixou cair algumas sementes na estrada. Elas não cresceram, pois as aves as comeram. Outra parte das sementes caiu entre as pedras e as sementes logo cresceram, mas morreram, pois não havia terra bastante e o sol as queimou por não terem raízes. Algumas sementes caíram entre espinhos e, quando cresceram, os espinhos as sufocaram. Por fim, outras sementes caíram em uma terra boa e produziram muitos grãos.

30 agosto

JESUS EXPLICA A PARÁBOLA DO SEMEADOR

Mateus 13, 18-23; Marcos 4, 13-20; Lucas 8, 11-18

Depois de contar a parábola do semeador, Jesus explicou que semeador é toda pessoa que anuncia a palavra de Deus:

– Há pessoas que ouvem, mas logo esquecem. Outras ouvem a palavra de Deus com muita alegria, mas algum tempo depois deixam de lado a Sua mensagem. Também existem pessoas que escutam a palavra de Deus, mas assim que surgem as preocupações da vida deixam Seus ensinamentos de lado e não produzem nada. Felizes as pessoas que são como sementes plantadas em terra boa, porque essas escutam e aceitam a mensagem de Deus e, por isso, dão e colhem bons frutos.

31 agosto

O JOIO

Mateus 13, 24-30

Certo dia, Jesus contou a parábola de um homem do campo que plantou sementes de trigo em suas terras, mas enquanto todos dormiam, um inimigo espalhou joio entre as sementes boas. Quando a plantação cresceu, os empregados se perguntaram de onde teria vindo o joio.

– Certamente foi um inimigo, mas deixem que cresçam, pois, quando for época de colheita, o trigo será guardado e o joio queimado.

01 setembro

JESUS EM NAZARÉ

Mateus 13, 53-58; Marcos 6, 1-6; Lucas 4, 16-24

Chegou o tempo em que Jesus seguiu para Nazaré, cidade onde viveu sua infância. Quando chegou, foi ensinar na sinagoga. As pessoas estavam admiradas e murmuravam, questionando por que aquele homem, o carpinteiro, filho de Maria, tinha tanta sabedoria, e como conseguia curar as pessoas.

E Jesus respondeu que nenhum profeta é bem recebido em sua terra.

Dessa forma, Jesus fez poucos milagres em Nazaré, pois poucas pessoas acreditavam nele.

02 setembro

A MORTE DE JOÃO BATISTA

Mateus 14, 1-12; Marcos 6, 14-29; Lucas 9, 7-9

João Batista estava preso, a mando de Herodes, pois não havia concordado com o casamento do governador com Herodias, a mulher de seu irmão.

Foi feita uma festa de aniversário para o governador. A filha de Herodias dançou e agradou a Herodes, que disse à moça para pedir o que quisesse que ele lhe daria. Ela consultou sua mãe e disse que queria a cabeça de João Batista.

Então, Herodes mandou a cabeça de João em um prato para a moça, que a entregou à sua mãe.

Quando os discípulos de João Batista souberam disso, sepultaram o seu corpo e foram contar a Jesus.

03 setembro

UMA MULTIDÃO É ALIMENTADA

Mateus 14, 13-21

Quando Jesus soube da morte de João Batista, foi de barco para um lugar deserto, mas o povo o seguiu por terra. Jesus teve compaixão daquelas pessoas e resolveu curar os doentes e ensinar-lhes a palavra de Deus. Ao anoitecer, as pessoas estavam começando a ficar com fome, mas lá só havia cinco pães e dois peixes para eles comerem.

Então, Jesus pegou o alimento, agradeceu a Deus e o distribuiu. No final, todos ficaram satisfeitos e ainda sobraram 12 cestos com pães e peixes.

04 setembro

JESUS ANDA SOBRE AS ÁGUAS

Mateus 14, 22-33

Jesus ordenou aos discípulos que atravessassem de barco o Mar da Galileia até Betsaida. Sozinho, Ele foi para um monte orar, e ficou ali até a noite.

Os discípulos já estavam longe, quando um vento muito forte soprou. Jesus foi ao barco andando sobre as águas do mar. Ao verem aquilo, os discípulos se assustaram. Jesus tranquilizou-os, dizendo para não temerem.

Pedro duvidou, e disse que, se Ele era mesmo Jesus, que o fizesse andar sobre as águas. Então, Pedro saiu do barco e foi ao encontro de Jesus andando sobre as águas, mas sentiu medo e afundou. Estendendo a mão para salvá-lo, Jesus disse a Pedro que a fé dele era pequena. Depois disso, retornaram ao barco e tudo voltou ao normal.

05 setembro

EM GENESARÉ

Mateus 14, 34-36

Jesus procurava ir a diversos lugares para que muitas pessoas conhecessem a palavra de Deus e pudessem ouvir Seus ensinamentos sobre o Reino dos Céus. Certa vez, Jesus e os discípulos pegaram um barco e foram até a região de Genesaré, onde as pessoas já tinham ouvido falar Dele.

Quando Jesus chegou, muita gente o reconheceu e sabia que Ele podia fazer milagres e realizar curas. Então, os moradores pediram a vários doentes da região para irem até Jesus.

Com a ajuda de amigos, muitos foram apenas para tocar na roupa de Jesus, e os que conseguiram, foram curados.

06 setembro

A MULHER ESTRANGEIRA

Mateus 15, 21-28

Jesus estava em uma região perto da cidade de Tiro e queria ficar sozinho em uma casa. Quando uma mulher estrangeira soube que Ele estava lá, foi ao seu encontro e disse:

– Senhor, tenha pena de mim! A minha filha está dominada por maus espíritos.

Jesus viu que a fé daquela mulher era grande e respondeu:

– Por você ter muita fé, pode voltar para casa, pois sua filha já está curada.

Ao chegar em casa, a mulher encontrou sua filha completamente bem.

07 setembro

JESUS CURA MUITA GENTE

Mateus 15, 29-31

Depois de curar a filha da mulher estrangeira, Jesus saiu dali e foi para um monte.

Uma multidão seguiu o Mestre à procura de cura, e nela estavam cegos, coxos, paralíticos e mudos.

Com muito amor, Jesus curou todos.

As pessoas que viram a cura dos doentes ficaram muito admiradas e passaram a louvar a Deus.

08 setembro

A MULTIPLICAÇÃO DOS PÃES

Mateus 15, 32-39

A multidão já estava com Jesus fazia três dias, mas não havia nada para comer. Então, Jesus disse aos discípulos:

– Estou com pena de mandar essa gente para casa sem comer, pois eles cairiam de fraqueza pelo caminho.

– Senhor, temos apenas sete pães e alguns peixinhos.

Jesus pegou aquele alimento, abençoou-o e pediu para que os discípulos distribuíssem entre as quase 4 mil pessoas que estavam ali. O que sobrou foi guardado em cestos. Após comerem, Jesus pediu para que todos fossem embora. Ele e os discípulos pegaram o barco e partiram para a região de Magdala.

09 setembro

JESUS E O CEGO DE BETSAIDA

Marcos 8, 22-26

Jesus e os discípulos estavam no povoado de Betsaida, onde anunciavam a mensagem de Deus. Foi quando algumas pessoas trouxeram um homem cego, pedindo para que Jesus o curasse.

Jesus afastou-se do povoado com o cego. Em seguida, passou saliva nos olhos do homem e, no mesmo instante, o homem começou a enxergar perfeitamente. Jesus pediu para ele não voltar ao povoado, e seguiu com os discípulos para outro lugar.

10 setembro

A AFIRMAÇÃO DE PEDRO

Marcos 8, 27-30

Jesus estava com os discípulos a caminho de um povoado próximo à cidade de Cesareia. Durante o trajeto, Jesus perguntou-lhes se as pessoas tinham muitas dúvidas sobre quem Ele realmente era.

Os discípulos responderam que muitos achavam que Jesus era João Batista, e outros pensavam que Jesus era Elias, Jeremias ou até um antigo profeta.

– E o que vocês falam de mim? – Jesus perguntou.

Pedro rapidamente respondeu que sabia que o Senhor era o Messias. Então Jesus ficou muito feliz com o que Pedro disse, mas pediu aos discípulos para não contarem às pessoas.

11 setembro

PARA SEGUIR JESUS

Marcos 8, 34-38

Jesus disse aos discípulos e à multidão que o seguia:

– Quem quiser ser meu seguidor precisa, antes de tudo, esquecer os interesses pessoais e estar preparado para todos os obstáculos. Quem colocar os próprios interesses em primeiro lugar não será salvo nem terá a vida eterna, mas quem der a vida por mim e pela palavra de Deus receberá a recompensa merecida: a salvação. Não adianta ter nas mãos o mundo e não ter a vida eterna. Deus também terá vergonha daquele que tiver vergonha de mim e de meus ensinamentos.

12 setembro

A TRANSFIGURAÇÃO

Lucas 9, 28-36

Passados alguns dias, Jesus subiu a um monte com Pedro, Tiago e João. Lá, os discípulos viram algo diferente em Jesus. Sua roupa estava tão branca e brilhante como nunca tinham visto. Eles estavam muito espantados e não sabiam o que dizer ao Mestre. Depois, uma linda nuvem surgiu no céu, cobrindo-os, e dela surgiu uma voz:

— Esse é o meu filho que eu amo tanto e que me dá tanta alegria! Escutem o que Ele diz.

Imediatamente, os discípulos olharam para o céu, mas nada viram, pois tudo havia voltado ao normal. Quando desceram do monte, Jesus pediu para eles não contarem aquilo a ninguém.

13 setembro

QUEM É MAIS IMPORTANTE?

Mateus 18, 1-5; Marcos 9, 32-37; Lucas 9, 46-48

Jesus e os discípulos estavam a caminho da cidade de Cafarnaum. Ao chegarem, Ele os questionou sobre o que haviam conversado no caminho. Eles permaneceram calados, pois discutiam quem era o mais importante.

Jesus reuniu todos eles e disse que, se um deles desejava ser o mais importante, então precisaria ser o último e servir aos outros.

Para que os discípulos entendessem melhor, Jesus pegou uma criança no colo, abraçou-a com muito carinho, e disse:

– A pessoa que receber uma criança em meu nome também me receberá. E quem me recebe também acolhe o meu Pai, Aquele que me enviou.

14 setembro

A CURA DE UM MENINO

Mateus 17, 14-21

Ao chegar perto de uma multidão, um pai muito triste e desesperado implorou a Jesus para ajudar seu filho que estava muito doente. Ele disse que os discípulos haviam tentado curá-lo, mas não conseguiram.

Triste, Jesus pediu para levarem o menino até Ele.

Então, deu apenas uma ordem, e o menino ficou bom. O pai e o menino foram embora cheios de alegria. Pouco depois, os discípulos perguntaram a Jesus por que eles não conseguiram curar aquele menino. Jesus respondeu dizendo que foi por causa de sua fé, que não tinha sido suficiente.

15 setembro

O IMPOSTO NO TEMPLO

Mateus 17, 24-27

Quando Jesus e os discípulos chegaram a Cafarnaum, os cobradores de impostos abordaram Pedro e perguntaram por que Jesus não pagava imposto. Mas Pedro afirmou que o Senhor pagava.

Quando entraram em casa, antes que Pedro falasse alguma coisa, Jesus perguntou a ele quem ele achava que pagava os impostos ao rei. E Pedro respondeu que eram os estrangeiros.

– Então, isso quer dizer que os cidadãos não precisam pagar. Mas, para não ofender esse povo, vá até o lago e traga o primeiro peixe que pescar. Nele, você encontrará uma moeda para pagar o nosso imposto.

16 setembro

A OVELHA PERDIDA

Lucas 15, 1-7

Certa vez, Jesus contou esta história para alguns pescadores e cobradores de impostos:

– Se vocês tiverem 100 ovelhas e uma, apenas uma, perder-se do rebanho por acaso, vocês não vão procurá-la, deixando as outras 99 no campo? Eu digo a vocês que aquele que sai e deixa no campo suas 99 ovelhas para procurar a que se perdeu, quando a encontra, volta com ela nos ombros e, muito feliz, anuncia aos amigos que encontrou a sua ovelha perdida. Assim, também haverá muita alegria no Céu quando uma pessoa arrepender-se de seus pecados.

17 setembro

JESUS ABENÇOA AS CRIANÇAS
Mateus 19, 13-15; Marcos 10, 13-16; Lucas 18, 15-17

Muitos pais traziam seus filhos para serem abençoados por Jesus, porém os discípulos não deixavam que as crianças chegassem perto Dele. Jesus ficou bravo com isso e disse aos discípulos:

– Deixem que as crianças venham até mim, pois é delas o Reino de Deus. Quem não for como elas não entrará nele!

Jesus pegava as crianças no colo e abençoava-as com muito amor e carinho.

18 setembro

O MOÇO RICO

Mateus 19, 16-22; Marcos 10, 17-22; Lucas 18, 18-23

Certa vez, um jovem rico aproximou-se de Jesus e perguntou o que precisaria fazer para merecer o Céu.

Jesus respondeu:

– Obedeça a todos os mandamentos: não mate, seja fiel no casamento, não roube, não fale mentira, respeite os seus pais e ame o próximo como ama a si mesmo.

– Isso eu já faço – respondeu o moço.

– Mas falta uma coisa: venda tudo o que possui e dê aos pobres, pois assim você terá a vida eterna. Depois disso, siga-me.

O moço ficou triste e foi embora, pois era muito rico e não queria abandonar tudo para seguir Jesus.

19 setembro

OS TRABALHADORES DA PLANTAÇÃO DE UVA

Mateus 20, 1-16

Jesus contou uma parábola. O dono de uma videira saiu ainda de madrugada para procurar pessoas para trabalhar com ele, combinando o pagamento de uma moeda. No decorrer do dia, outras pessoas foram contratadas.

À tarde, ele pediu para o administrador pagar os trabalhadores, do último contratado ao primeiro. Os que começaram mais cedo reclamaram disso. O patrão explicou que, se eles haviam aceitado trabalhar o dia todo por uma moeda, ele teria o direito de dar o mesmo valor aos que chegaram depois.

Jesus terminou dizendo:

— Os primeiros serão os últimos, e os últimos serão os primeiros.

20 setembro

O PEDIDO DE UMA MÃE

Mateus 20, 20-28

A mãe de Tiago e João se aproximou de Jesus com os filhos e lhe fez um pedido:

– Prometa-me que, quando for rei, meus filhos se sentarão ao Seu lado: um à direita e um à esquerda.

– Eu não posso escolher ninguém para sentar-se à minha direita ou esquerda; meu Pai escolherá.

Então, vendo que os outros discípulos ficaram bravos, Jesus falou:

– O povo tem autoridades que mandam nele, mas com vocês é diferente. Quem quiser ser importante deve servir aos outros, pois até o Filho de Deus veio para servir às pessoas, com ensinamentos e até com a própria vida, a fim de salvá-las.

21 setembro

A CURA DE DOIS CEGOS EM JERICÓ

Mateus 20, 29-34

Jesus passava por Jericó com uma multidão e, quando dois cegos perceberam que Ele estava por perto, começaram a gritar. Jesus parou e perguntou-lhes:

– O que querem que eu faça?

Eles responderam:

– Queremos que nos ajude a enxergar novamente.

Jesus colocou a mão nos olhos dos homens, e eles voltaram a enxergar. Depois, os dois seguiram-no.

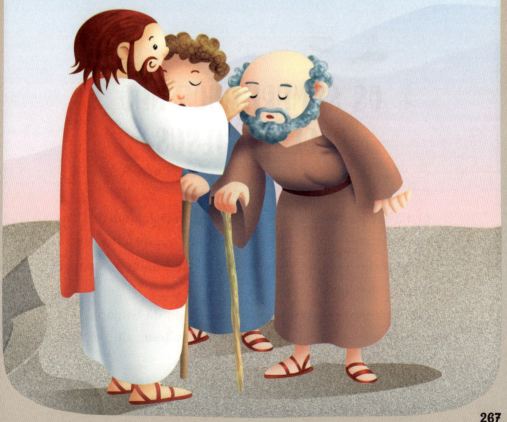

22 setembro

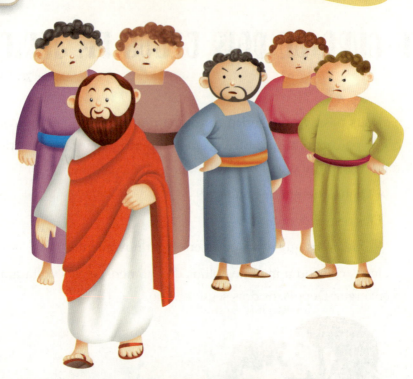

OS SAMARITANOS NÃO RECEBEM JESUS

Lucas 9, 51-56

O dia em que Jesus subiria aos Céus para ficar junto de Deus estava próximo e, então, Ele decidiu ir à cidade de Jerusalém.

Jesus pediu a algumas pessoas para que fossem na frente e preparassem o lugar.

No caminho, passaram por um povoado da Samaria, mas seus habitantes não queriam a presença de Jesus ali. Por isso, Jesus foi a outro povoado.

23 setembro

O BOM SAMARITANO
Lucas 10, 25-37

Certa vez, Jesus contou uma história a um mestre da lei. Um homem que ia de Jerusalém para Jericó foi assaltado e abandonado na estrada, quase morto. Um sacerdote passava pelo lugar e, ao ver o homem, atravessou a rua para outro lado, fingindo que nada via. Um levita fez o mesmo.

Pouco depois, um samaritano passou por ali. Ele não se dava bem com os judeus por divergências de costume e religião. Mas, quando viu o homem, limpou suas feridas e o levou a uma pensão. No outro dia, deu duas moedas ao dono da pensão e pediu-lhe para que cuidasse do ferido e, quando voltasse, pagaria o que tivesse sido gasto a mais com ele.

Jesus perguntou ao mestre da lei qual dos três homens foi o próximo do moço assaltado. Ele respondeu que foi o samaritano. Então, Jesus disse para ele fazer o mesmo com o seu próximo.

24 setembro

MARIA E MARTA

Lucas 10, 38-42

Jesus estava hospedado na casa de Marta e Maria.

Maria gostava de escutar Jesus falar sobre o Reino de Deus. Já Marta preocupava-se com as tarefas da casa, como cozinhar e varrer.

Certo dia, Marta aproximou-se de Jesus e disse:

— Senhor, não se importa de Maria deixar-me fazendo todas as tarefas sozinha? Peça para ela me ajudar.

Jesus respondeu que Deus é mais importante que tudo e que havia coisas desnecessárias, portanto, Maria havia escolhido bem.

25 setembro

JESUS ENSINA A ORAR

Lucas 11, 1-4

Jesus gostava muito de orar, pois sabia da importância da oração. Certo dia, enquanto orava, os discípulos disseram:

– Jesus, ensine-nos a orar como você.

Feliz porque os discípulos queriam aprender, Jesus disse:

– Quando vocês quiserem falar com Deus, digam: "Pai, santificado seja o Teu nome, venha o Teu reino. Dá-nos a cada dia o nosso pão cotidiano. E perdoa-nos os nossos pecados, pois também nós perdoamos a quem nos deve. E não nos conduzas em tentação, mas livra-nos do mal".

26 setembro

A PARÁBOLA DO AMIGO IMPORTUNO.

Lucas 11, 5-13

Depois de ter ensinado os discípulos a orar, Jesus ainda contou uma história para que percebessem a importância da oração:

– Já é muito tarde e você precisa de pães para dar a outro amigo. Então, você chega à porta de um amigo e pede, mas ele diz que é tarde e que não pode ajudá-lo, pois todos estão dormindo e tudo está trancado. Eu lhe digo que, provavelmente, o homem levantará não por ser seu amigo, mas pela sua insistência. Portanto, Deus vai lhe dar tudo de que você precisa. Por isso afirmo que, se vocês pedirem, receberão. Batam no portão e serão atendidos. Da mesma forma que um pai dá o melhor a seu filho, Deus também dará coisas boas aos que lhe pedirem.

27 setembro

OS EMPREGADOS ALERTAS
Lucas 12, 35-40

Jesus continuou dizendo:

– Estejam todos preparados, como os empregados que esperam o patrão que volta de uma festa. Assim que ele chega e bate à porta, os empregados estão prontos para abri-la. Felizes os empregados que permanecem acordados e preparados, pois, se o dono de uma casa soubesse o horário em que o ladrão apareceria, certamente não permitiria que ele o roubasse. Fiquem atentos, porque ninguém sabe quando o Filho de Deus vai chegar.

28 setembro

A PARÁBOLA DA SEMENTE DE MOSTARDA

Mateus 13, 31-32

Certa vez, Jesus contou uma parábola aos discípulos para mostrar-lhes que o Reino dos Céus é parecido com uma semente de mostarda:

— Esta semente é a menor de todas. Quando o homem a semeia em terra boa, ela cresce e se torna a maior de todas as plantas. Permanece tão bela e aconchegante que até os passarinhos querem fazer ninhos nela. Assim também é a fé: às vezes, pode parecer pequena, mas, se for alimentada com a palavra de Deus, ela se tornará forte e poderá ser "espalhada" para muitas outras pessoas.

29 setembro

OUTRA CURA NO SÁBADO

Lucas 14, 1-6

Era sábado e Jesus estava na casa de um fariseu, pois havia sido convidado para uma refeição. Naquele lugar, havia um homem doente com as pernas e os braços inchados, e Jesus e os fariseus aproximaram-se dele. Jesus perguntou:

– É permitido curar aos sábados?

Os fariseus nada responderam. Jesus foi até o homem e o curou. Em seguida, Jesus disse aos fariseus, que estavam espantados:

– Se um animal de vocês caísse em um poço, não o salvariam só porque é sábado?

Ao ouvirem isso, os fariseus não puderam dizer nada.

30 setembro

A HUMILDADE E A HOSPITALIDADE
Lucas 14, 7-11

Jesus gostava muito de observar tudo o que acontecia à sua volta. Certo dia, Ele observou como os convidados escolhiam os seus lugares à mesa. Então, contou uma história e fez uma comparação:

– Quando alguém for convidado para um casamento, não deve ser pretensioso e escolher o melhor lugar, pois, se alguém importante chegar, terá que dar o lugar a essa pessoa e ficará muito envergonhado. Deve fazer o contrário: quando for a uma festa, deve se sentar no último lugar, assim, será convidado a ir para um lugar melhor. Dessa maneira, ficará muito feliz diante dos convidados.

Porque quem se engrandece será humilhado, e quem se humilha será engrandecido.

01 outubro

A PARÁBOLA DO FILHO PERDIDO

Lucas 15, 11-19

Jesus contou uma parábola. Certa vez, o filho mais moço de um homem rico pediu-lhe a sua parte da herança. Quando seu pedido foi atendido, ele se mudou para um país bem distante. Lá, ele não tinha amigos e estava rodeado de pessoas que só queriam o seu dinheiro. Em pouco tempo, o rapaz gastou todo o dinheiro, e os que diziam ser seus amigos sumiram. Em um tempo de fome naquela terra, passou a cuidar de porcos. Um dia, observando os animais comendo, pensou: "Os trabalhadores do meu pai possuem comida de sobra, enquanto estou aqui passando fome. Vou voltar para casa e pedir ao meu pai para ser um de seus empregados".

02 outubro

O RETORNO DO FILHO PERDIDO

Lucas 15, 19-32

O jovem pediu ao pai para ser aceito como um de seus empregados. Então, o pai preparou uma grande festa.

Quando chegou do campo, o filho mais velho questionou sobre o motivo da comemoração. Disse ao pai que sempre estivera ao seu lado, mas nunca ganhara um bezerro para fazer uma festa com amigos, enquanto seu irmão havia partido e acabado com o dinheiro da sua herança.

O pai respondeu-lhe que era necessário comemorar a volta do irmão, pois ele havia se perdido e agora tinha se encontrado.

03 outubro

A PARÁBOLA DO RICO E DE LÁZARO

Lucas 16, 19-31

Um homem muito rico gastava todo o seu dinheiro em roupas caras e em belas festas para os amigos. Lázaro, um homem muito pobre e cheio de feridas, costumava ficar perto da casa do rico, pois, assim, comia as migalhas que o rico deixava cair da mesa durante as festas.

Certo dia, o homem rico e Lázaro morreram. Lázaro foi levado pelos anjos para um lugar de pura felicidade, mas o homem rico não. Ao perceber isso, o homem rico lamentou muito, pois seus familiares viviam em pecado. Se eles não se arrependessem, quando morressem, seria tarde demais.

04 outubro

OS DEZ LEPROSOS
Lucas 17, 11-19

Jesus estava a caminho de Jerusalém, quando dez homens leprosos foram ao seu encontro e pediram:

– Senhor Jesus, tenha pena de nós e cure-nos!

E Jesus respondeu:

– Vão até os sacerdotes e peçam para que eles os examinem.

Enquanto eles estavam a caminho, todos foram curados. Apenas um deles voltou para agradecer a Jesus pela cura da enfermidade.

– Não eram dez os que foram curados? Onde estão os outros nove? – perguntou Jesus.

E, antes que alguém respondesse, Jesus disse ao único que havia se lembrado de agradecer:

– Levante-se e vá para casa, pois sua fé o salvou!

05 outubro

A VIÚVA E O JUIZ

Lucas 18, 1-8

Certa vez, Jesus contou uma parábola:

– Em uma cidade, havia um juiz que não temia a Deus e nem respeitava ninguém. Uma viúva sempre ia à casa dele pedir para que resolvesse o seu caso. De tanto ela insistir, o juiz resolveu o problema, dando a sentença a favor da viúva. Portanto, se até um juiz desonesto faz justiça, imaginem Deus.

Essa história nos ensina a orar sempre e a nunca desanimar, pois Deus não se esquece de nós nem dos nossos pedidos.

06 outubro

O FARISEU E O COBRADOR DE IMPOSTOS

Lucas 18, 9-14

Jesus contou esta parábola para aqueles que se consideravam justos e desprezavam os outros:

— Dois homens oravam no templo. Um era fariseu, estava de pé e orava assim: "Ó Deus, agradeço-lhe por eu não ser desonesto, injusto e mesquinho como os outros homens, eu não sou como este cobrador de impostos". O outro era cobrador de impostos e, quando orou, não levantou a cabeça para o céu. Com muita humildade, ele disse: "Ó Deus, tenha pena de mim, pois sou pecador!".

Então, Jesus disse:

— O cobrador de impostos foi perdoado e voltou para casa em paz com Deus, porque quem se engrandece será humilhado e quem se humilha será engrandecido.

07 outubro

A SALVAÇÃO DE ZAQUEU

Lucas 19, 1-10

Zaqueu vivia na cidade de Jericó e era um dos chefes dos cobradores de impostos. Jesus estava passando pela cidade, e Zaqueu queria muito vê-lo, porém uma multidão cercava Jesus. Como ele era de baixa estatura, não podia ver o Senhor.

Então, subiu em uma árvore para observá-lo, e quando Ele passou, olhou para Zaqueu lá em cima e disse para ele descer, pois iria à casa dele.

Zaqueu disse a Jesus que repartiria com os pobres a metade de seus bens e devolveria quatro vezes mais às pessoas que roubou.

Jesus respondeu com muita alegria e entusiasmo:

– Hoje, nesta casa, entrou a salvação.

08 outubro

NICODEMOS E O NOVO NASCIMENTO

João 3, 1-15

O fariseu Nicodemos era líder dos judeus e, certa noite, foi visitar Jesus. Ao chegar lá, ele disse:

– Jesus, sabemos que o Senhor é o homem que Deus enviou para salvar as pessoas, pois ninguém pode fazer milagres e curas se não for por intermédio Dele.

Jesus disse-lhe que ninguém entra no Reino de Deus se não nascer de novo. Confuso, Nicodemos perguntou:

– Mas como alguém que já é adulto pode nascer de novo? Entrando novamente na barriga da mãe?

Então Jesus respondeu que nascer de novo significa ser batizado com água e pelo Espírito Santo.

09 outubro

JESUS E A MULHER SAMARITANA

João 4, 1-42

Jesus e os discípulos saíram da Judeia e voltaram para a Galileia. No caminho, passaram por uma cidade de Samaria chamada Sicar. Os discípulos saíram para comprar comida, e Jesus foi descansar ao lado do Poço de Jacó. Então, chegou uma mulher samaritana para pegar água.

– Por favor, dê-me um pouco de água? – disse Jesus.

– O senhor é judeu e eu sou samaritana. Por que está me pedindo água? – disse, sem saber que era Jesus.

– Se soubesse quem está lhe pedindo água, você daria, e nunca mais sentiria sede, pois seria a água da vida.

– Por favor, eu quero essa água, assim não terei mais sede e não precisarei buscar água – disse a mulher.

– Vá buscar o seu marido – Jesus ordenou.

– Não tenho marido – disse a mulher.

– Mas você já teve cinco maridos – respondeu Jesus.

Então, a mulher percebeu que estava falando com o Messias e correu para contar às pessoas, que foram até lá e disseram:

– Agora acreditamos em Jesus porque vimos e ouvimos aquele que salvará o mundo.

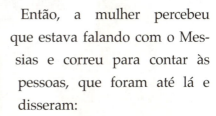

10 outubro

A CURA DO FILHO DE UM TRABALHADOR

João 4, 43-54

Jesus foi até Caná, região da Galileia. Um funcionário público que morava em Cafarnaum estava desesperado com a doença do filho. Quando soube que Jesus estava próximo dali, foi ao Seu encontro e pediu-lhe para que curasse seu filho.

Então, Jesus disse para ele voltar para casa, pois seu filho já estava curado.

No caminho, o homem encontrou alguns de seus empregados, que deram a notícia da cura do filho. Toda a família daquele funcionário passou a crer em Jesus.

11 outubro

A CURA DE UM PARALÍTICO

João 5, 1-9

Depois de curar o filho do funcionário público, Jesus foi à festa dos judeus em Jerusalém, onde havia um grande tanque de água com cinco entradas chamado Betesda. Lá, muitos doentes ficavam esperando que um anjo de Deus mexesse na água, pois o primeiro que entrasse nela depois disso seria curado.

Entre a multidão, estava um homem que era paralítico havia muitos anos. Jesus aproximou-se e perguntou se ele queria ficar curado. O homem respondeu que sim, mas sempre alguém passava na frente dele, impedindo-o de entrar no tanque. Então, Jesus disse:

– Levante-se e ande, pegue sua cama e vá para casa.

O homem estava curado.

12 outubro

A MULHER ADÚLTERA

João 8, 1-11

Jesus estava no pátio do templo pregando para uma multidão. Enquanto Ele falava, chegaram alguns fariseus e mestres da lei com uma mulher que havia enganado o marido e, por meio dela, tentaram acusar Jesus de alguma forma. Naquele tempo, as mulheres que enganavam os maridos morriam apedrejadas. Então, os fariseus disseram a Jesus que aquela mulher havia sido encontrada em pecado.

Então, Jesus começou a escrever com o dedo na terra e depois disse que, quem ali não tivesse nenhum pecado, que atirasse a primeira pedra.

Todos foram saindo, até que só restaram Jesus e a mulher. Então Ele lhe disse para ir e não pecar mais.

13 outubro

CURA DE UM CEGO DE NASCENÇA

João 9, 1-12

Certo sábado, Jesus e os discípulos avistaram um homem que era cego desde o nascimento. Os discípulos, muito curiosos, questionaram Jesus:

– Senhor, quem é culpado por isso, este homem ou os pais dele?

Jesus respondeu que não havia um culpado, pois Deus sabia o que estava fazendo. Em seguida, fez uma lama com terra e saliva, passou-a nos olhos do cego e disse para ele ir até o tanque de Siloé e lavar o rosto.

O homem fez o que Jesus disse e, quando lavou o rosto, passou a enxergar. Depois contou para as pessoas o que tinha acontecido.

14 outubro

JESUS CONVERSA COM O CEGO

João 9, 13-38

Ao saberem o que havia acontecido com o cego, os fariseus mandaram buscá-lo, pois expulsariam da sinagoga quem cresse em Jesus. Quando o homem chegou, todos fizeram muitas perguntas, e ele simplesmente contou que Jesus havia aplicado uma lama em seus olhos, mandado que os lavasse no tanque de Siloé e, então, ele passou a enxergar.

Furiosos, os fariseus expulsaram o homem da sinagoga.

Quando Jesus soube da expulsão, procurou-o e revelou quem era:

– Agora que você já sabe que sou Jesus, o Filho de Deus, acredita em mim?

– Sim, Senhor – disse o homem, ajoelhando-se diante de Jesus.

15 outubro

O PASTOR VERDADEIRO

João 10, 1-10

Certo dia, Jesus fez a seguinte comparação:

– Quem não entra pela porta no curral das ovelhas, mas, sim, pelo muro, é ladrão. Só quem entra pela porta é o pastor verdadeiro, pois as ovelhas reconhecem seu pastor pela voz. Ele as conduz, e elas o seguem. Mas as ovelhas jamais seguirão um ladrão, porque sua voz será estranha. Eu sou a porta das ovelhas. Se alguém entrar por mim, vai se salvar. O ladrão só vem roubar. Eu vim para que tenham vida com abundância.

16 outubro

A MORTE DE LÁZARO

João 11, 1-16

Lázaro morava em um povoado de Betânia com suas duas irmãs, Maria e Marta, e estava muito doente. Jesus estava em outro lugar quando recebeu uma mensagem informando-o sobre a doença do amigo, mas sabia dos planos de Deus. Ele gostava muito dos três irmãos, mas, ainda assim, ficou mais dois dias onde estava. Depois, disse aos discípulos que precisava ir à Judeia.

Muito admirados, os discípulos o questionaram por isso, pois o povo daquela cidade queria matá-lo.

Então, Jesus respondeu que Lázaro tinha morrido, mas, assim, o povo conheceria o poder de Deus e iria crer Nele.

17 outubro

LÁZARO VOLTA A VIVER
João 11, 17-45

Muitas pessoas foram à casa de Lázaro para consolar Maria e Marta. Ao encontrar Jesus, Marta disse:

– O meu irmão morreu, se o Senhor estivesse aqui, isso não teria acontecido.

– Ele vai ressuscitar, pois sou a ressurreição e a vida. Quem crê em mim, ainda que morra, viverá. Você acredita nisso?

Marta respondeu que sim. Então, Jesus perguntou onde haviam sepultado Lázaro e, quando lhe mostraram, pediu para que tirassem a pedra. Em seguida, ordenou:

– Lázaro, venha para fora!

Lázaro havia ressuscitado. Todos se maravilharam e muitos começaram a crer em Jesus.

18 outubro

JESUS ENTRA EM JERUSALÉM

Mateus 21, 1-11

Quando Jesus estava chegando a Jerusalém, chamou dois discípulos e disse:

– Vão até o povoado de Betfagé, pois lá vocês encontrarão uma jumenta e o seu jumentinho. Tragam os dois para mim. Se alguém perguntar alguma coisa, respondam que é para o Mestre, pois assim vão permitir que vocês tragam os animais rapidamente.

Ao chegarem, os discípulos ajudaram Jesus a montar a jumenta. Quando a multidão o viu, espalhou galhos de árvores pelo caminho, as pessoas estendiam suas roupas e aclamavam Jesus.

19 outubro

JESUS NO TEMPLO

Mateus 21, 12-15; Marcos 11, 15-18; Lucas 19, 45-48

Quando Jesus e os discípulos chegaram a Jerusalém, Ele resolveu ir até o templo. Ao entrar no pátio, viu um grande comércio: pessoas vendendo, comprando e trocando dinheiro. Jesus expulsou-as, derrubou mesas e cadeiras e disse que a casa do Pai era casa de oração e que eles a estavam transformando em esconderijo de ladrões.

Quando ouviram isso, os mestres da lei e os chefes dos sacerdotes tiveram mais raiva de Jesus e começaram a procurar uma maneira de matá-lo.

20 outubro

A PARÁBOLA DOS DOIS FILHOS

Mateus 21, 28-32

Jesus contou uma história. Ela dizia que um homem que tinha dois filhos foi até o mais velho e pediu para que ele trabalhasse na plantação de uva. O filho disse que não iria, mas depois se arrependeu e foi. O pai deu a mesma ordem ao outro filho, que concordou na hora, porém não foi. Ao terminar, Jesus perguntou:

– Qual dos dois filhos fez o que o pai pediu?

– O filho mais velho – eles responderam.

– Muitos cobradores de impostos entram primeiro no Reino de Deus, pois eles acreditam e se arrependem primeiro – concluiu Jesus.

21 outubro

OS LAVRADORES MAUS

Mateus 21, 33-43

Jesus contou mais uma parábola. Um fazendeiro organizou sua vinha e deixou alguns lavradores tomando conta. No tempo devido, o fazendeiro enviou empregados para pegar a sua parte da colheita, mas alguns foram agredidos e outros, mortos pelos lavradores. Então, ele enviou seu filho, pois achava que os malvados o respeitariam, mas também foi morto. Jesus perguntou o que o fazendeiro faria e responderam que ele mataria os lavradores maus e passaria a vinha a outros que lhe dariam os frutos devidos. Então, Jesus terminou dizendo que, assim como a vinha, o Reino de Deus seria tirado dos que não entregam os frutos e dado aos que os produzem.

22 outubro

A OFERTA DA VIÚVA POBRE

Marcos 12, 41-44; Lucas 21, 1-4

Jesus observava as pessoas fazerem as suas ofertas no templo.

Os ricos colocavam muito dinheiro, porém, dentre eles, surgiu uma pobre viúva, que lançou apenas duas moedinhas.

Então, Jesus disse aos discípulos:

– Aquela viúva pobre ofertou mais que os ricos, pois deu tudo o que ela possuía, enquanto os ricos deram as suas sobras.

23 outubro

A PARÁBOLA DAS BODAS

Mateus 22, 1-14

Um dia, Jesus contou que o Reino de Deus é como um rei que fez uma bela festa de casamento a seu filho. O rei pediu para os empregados avisarem as pessoas que tudo estava pronto, mas os convidados recusaram o convite, dando uma desculpa qualquer.

Quando o rei soube da recusa, ficou com muita raiva e disse aos empregados:

– Convidem todas as pessoas que encontrarem na rua, boas ou más. Quero a minha casa cheia de gente.

Ao entrar na festa, o rei notou um homem que não estava vestido adequadamente e o expulsou. Jesus concluiu a parábola dizendo:

– Muitos são convidados, mas poucos são escolhidos.

24 outubro

AS DEZ VIRGENS

Mateus 25, 1-13

Certa vez, Jesus contou esta parábola:

– Dez virgens pegaram suas lamparinas e foram ao encontro do noivo. Cinco pegaram óleo de reserva para as lamparinas, e as outras cinco, não. Ao chegarem, o noivo ainda não estava lá, e elas adormeceram. Quando ele se aproximava, as moças acordaram e acenderam suas lamparinas. Aquelas que não tinham mais óleo pediram um pouco emprestado. As outras disseram para elas comprarem, pois se dessem o óleo, ficariam sem. Então, o noivo chegou, e as cinco virgens que estavam preparadas entraram com ele para a festa de casamento, e o noivo trancou a porta. As virgens que foram comprar óleo ficaram do lado de fora.

Jesus terminou a parábola dizendo:

– Vigiem sempre, pois não sabemos o dia em que Deus virá.

25 outubro

A PARÁBOLA DOS TALENTOS

Mateus 25, 14-30

Certa vez, Jesus contou a seguinte história. Antes de viajar, um homem chamou três de seus empregados e deu moedas para cada um administrar conforme o seu talento. Quando voltou, ele chamou os três. O primeiro, que recebera cinco moedas, entregou dez ao patrão. O que recebera duas entregou quatro. E o terceiro, que havia recebido uma moeda, ficou com medo de negociá-la. O patrão decepcionado disse:

– Preguiçoso! Dê a sua moeda ao empregado que tem dez, pois quem tem muito receberá mais, mas quem não tem, o pouco que tem lhe será tirado.

26 outubro

O PLANO PARA MATAR JESUS

Mateus 26, 1-5

Jesus havia terminado de contar aos discípulos sobre os sinais que receberiam quando chegasse a hora de Ele voltar para o Céu. Então, disse-lhes:

– Daqui a dois dias haverá a festa de Páscoa, e o Filho de Deus será entregue para ser crucificado.

Depois, os chefes dos sacerdotes e outros se reuniram e criaram um plano para matar Jesus em segredo.

27 outubro

JESUS EM BETÂNIA

Mateus 26, 6-13

Jesus estava em Betânia, na casa de um homem chamado Simão, sentado à mesa para jantar. Uma mulher chegou, trazendo um perfume de grande valor, e o derramou sobre a cabeça de Jesus. E os seus discípulos indignados disseram:

– Que desperdício! Ela deveria ter vendido o perfume e distribuído o dinheiro aos pobres.

E Jesus disse:

– Ela fez uma coisa muito boa para mim: perfumou o meu corpo para o sepultamento, pois os pobres sempre estarão com vocês, mas eu não.

28 outubro

JUDAS TRAI JESUS

Mateus 26, 14-16

Muitas pessoas não gostavam de Jesus e nem acreditavam Nele, por isso, queriam encontrar um motivo para acusá-lo. Para isso, puderam contar com Judas Iscariotes, um dos discípulos de Jesus. Ele foi ao encontro dos chefes dos sacerdotes para combinar como trairia Jesus.

Ficou acertado que Judas entregaria Jesus e receberia 30 moedas de prata.

Desde então, Judas passou a procurar oportunidades para entregar seu Mestre sem que as pessoas soubessem.

29 outubro

JESUS LAVA OS PÉS DOS DISCÍPULOS

João 13, 1-17

Jesus estava junto de seus discípulos, inclusive Judas. De repente, Ele pegou uma toalha e uma bacia e começou a lavar os pés dos discípulos, que ficaram admirados. Quando chegou a vez de Pedro, ele disse:

– Não posso dar os meus pés para meu Mestre lavar. Jesus, sou eu quem deveria lavar os seus pés!

E Jesus respondeu:

– Se eu não lavar os seus pés, você não poderá ser meu seguidor.

Então, Pedro permitiu. Ao terminar de lavar os pés dos discípulos, Jesus disse:

– Vocês me chamam de Senhor e Mestre, e eu realmente sou. Eu dei o exemplo para que vocês façam o que eu fiz.

30 outubro

A VIDEIRA

João 15, 1-8

Certa vez, Jesus disse aos seus discípulos:

– Eu sou a videira; o meu Pai, o lavrador; os ramos da videira são vocês. Os ramos que não dão uvas são cortados, mas os que dão uvas permanecem e dão mais uvas. Os ramos só dão uvas quando estão ligados às videiras, portanto, meus queridos, estejam unidos a mim, pois sem mim não poderão fazer nada.

31 outubro

COMEMORAÇÃO DA PÁSCOA

Mateus 26, 17-30; Marcos 14, 12-24; Lucas 22, 7-20

No dia da Páscoa, Jesus disse para Pedro e João irem até a cidade, pois um homem com um jarro indicaria o lugar onde celebrariam a festa.

Durante a ceia, Jesus anunciou que um de seus discípulos o trairia. Admirados, eles começaram a se perguntar quem seria.

– Será aquele que come no mesmo prato que eu – disse Jesus.

Naquele instante, Judas questionou:

– Senhor, sou eu?

– É você que está dizendo – respondeu Jesus.

Em seguida, abençoou o pão e disse:

– Comam, pois isso é o meu corpo.

Agradeceu a Deus pelo cálice de vinho e falou:

– Bebam, pois isto é o meu sangue derramado em favor de muitas pessoas.

Em seguida, eles louvaram a Deus.

307

01 novembro

JESUS AVISA PEDRO

Mateus 26, 31-35; Lucas 22, 31-34

A caminho do Monte das Oliveiras, Jesus falou aos discípulos:

– Nesta noite, vocês vão me abandonar, pois está nas Escrituras Sagradas. Mas quando eu ressuscitar, estarei com vocês.

Pedro respondeu:

– Nunca deixarei o Senhor sozinho, mesmo que todos façam isso.

– Hoje, antes mesmo que o galo cante, você me negará três vezes.

Pedro respondeu que jamais negaria o Senhor, mesmo que tivesse que morrer por isso. Os outros discípulos disseram o mesmo.

02 novembro

NO JARDIM DO GETSÊMANI

Mateus 26, 36-46

Depois do jantar de Páscoa, Jesus e os discípulos foram orar em um lugar chamado Getsêmani. Quando chegaram, Jesus disse aos discípulos para que ficassem orando, que Ele ia mais adiante orar também. Os discípulos adormeceram. Quando voltou, Jesus pediu a todos para acordarem e orarem mais uma vez, e de novo eles dormiram. Quando retornou, Jesus disse:

— Acordem! Vamos embora, pois o traidor está chegando.

03 novembro

A PRISÃO DE JESUS

Mateus 26, 47-56

Enquanto Jesus ainda conversava com os discípulos, surgiu uma multidão de pessoas armadas e, entre elas, estava Judas. Ele já havia combinado que beijaria Jesus para que soubessem quem deveria ser preso. Judas aproximou-se de Jesus e o beijou.

Então, os soldados enviados pelos sacerdotes e líderes prenderam Jesus. Pedro pegou a espada e atacou um dos soldados, cortando a sua orelha. Mas Jesus disse:

— Não faça isso, pois tudo está acontecendo para cumprir a vontade de Deus.

Ouvindo isso, os discípulos foram embora, deixando Jesus sozinho.

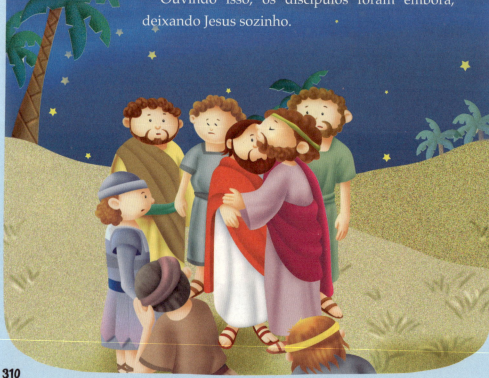

04 novembro

JESUS DIANTE DO CONSELHO SUPERIOR

Mateus 26, 57-68

Jesus foi encaminhado ao Conselho Superior, composto pelos líderes dos judeus, os chefes dos sacerdotes e os mestres da lei. Eram pessoas que sempre procuravam uma maneira de acusar Jesus falsamente para condená-lo à morte. Quando Ele chegou, perguntaram várias vezes se Ele era o Messias.

E Jesus sempre respondia:

— São vocês que dizem isso.

Muito irritado, o grande sacerdote disse que não precisavam mais de nenhuma acusação, pois Ele mesmo tinha confessado.

05 novembro

PEDRO NEGA JESUS

Mateus 26, 69-75

Quando Jesus foi levado, Pedro seguiu-o até o pátio da casa do grande sacerdote e ficou esperando com os guardas do local para ver o que ia acontecer. Os empregados da casa reconheceram Pedro e perguntaram se ele conhecia Jesus. Pedro o negou três vezes.

Naquele momento, o galo cantou, e Pedro lembrou-se das palavras de Jesus: "Antes que o galo cante, você me negará três vezes".

Pedro foi embora chorando.

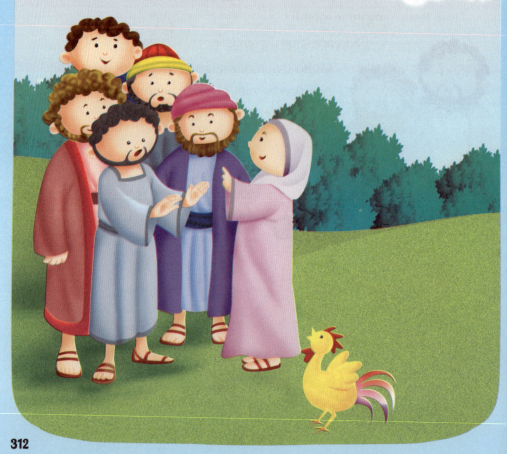

06 novembro

A MORTE DE JUDAS

Mateus 27, 3-5

Quando Judas percebeu que Jesus havia sido condenado, sentiu-se muito culpado e foi até os líderes dos sacerdotes que haviam combinado a traição para devolver as 30 moedas de prata. Ao chegar, disse:

– Eu pequei ajudando a condenar um homem inocente.

Os líderes responderam:

– O que temos a ver com o seu problema?

Judas jogou as moedas que havia recebido e foi embora. Pouco depois, cometeu suicídio.

07 novembro

JESUS DIANTE DE PILATOS

Mateus 27, 11-14

Quando amanheceu, os chefes dos sacerdotes e mestres da lei já haviam interrogado Jesus e feito planos para condená-lo. Então, levaram-no até Pilatos, o governador, que perguntou:

– Você é o rei dos judeus?

Jesus respondeu:

– É o senhor que diz isso!

Os sacerdotes acusavam-no dizendo:

– Este homem engana todo o povo afirmando que as pessoas não devem pagar impostos e que Ele é Filho de Deus.

Depois de ouvir os sacerdotes, Pilatos questionou Jesus mais uma vez. O Senhor permaneceu calado, e Pilatos ficou muito admirado.

08 novembro

A CONDENAÇÃO DE JESUS
Mateus 27, 15-26

Na Páscoa, era costume libertar um prisioneiro, então, Pilatos perguntou ao povo se deveria libertar Jesus ou o assassino Barrabás. A multidão escolheu Barrabás. Todos gritavam dizendo que Jesus deveria ser crucificado.

– Mas qual foi o crime que Ele cometeu? – Pilatos ainda perguntou, porém o povo apenas gritava cada vez mais alto:

– Crucifique-o! Crucifique-o!

Assim, Pilatos lavou as mãos diante da multidão, mostrando que aquilo não era a sua vontade, mas a do povo. Em seguida, soltou o bandido Barrabás e mandou crucificar Jesus.

09 novembro

OS SOLDADOS ZOMBAM DE JESUS

Mateus 27, 27-30

Após a sentença, Pilatos mandou chicotear Jesus. Os soldados levaram-no para o pátio do palácio do governador e humilharam-no. Fizeram uma coroa cheia de espinhos e colocaram em sua cabeça.

Depois, puseram uma capa vermelha em Jesus e começaram a zombar, gritando:

– Viva o rei! Viva o rei!

Bateram na cabeça de Jesus, cuspiram nele e ajoelharam-se, fingindo que o adoravam. Depois, tiraram a sua capa vermelha, vestiram-no com outras roupas e o levaram para ser crucificado.

10 novembro

A CRUCIFICAÇÃO

Mateus 27, 32-44; Lucas 23, 33-43

No caminho para o calvário, lugar em que as pessoas eram crucificadas, os soldados encontraram um homem chamado Simão e obrigaram-no a ajudar Jesus a carregar a cruz. Depois, ofereceram a Ele vinho com fel, mas Jesus não aceitou. Em seguida, os soldados colocaram-no na cruz e rasgaram suas roupas. Por fim, escreveram na cruz as iniciais latinas INRI, que significam: "Jesus, o rei dos judeus".

Dois criminosos foram crucificados também. Um deles disse que Jesus deveria salvar a si mesmo e a eles, enquanto o outro pediu piedade. A este, o Senhor disse:

– Hoje mesmo você estará comigo no Paraíso.

11 novembro

A MORTE DE JESUS

Mateus 27, 45-56

Era aproximadamente meio-dia e Jesus sofria. De repente, começou a escurecer, ficou assim até as três horas da tarde. Nesse momento, Jesus gritou bem alto:

– Pai, entrego o meu espírito nas Tuas mãos!

Depois dessas palavras, Jesus morreu. Então a cortina do templo se rasgou em dois pedaços, de cima até embaixo.

O soldado que estava próximo de Jesus, quando viu tudo aquilo, disse admirado:

– Realmente aquele homem era o Filho de Deus.

As pessoas que estavam lá e presenciaram tudo aquilo foram para casa muito tristes.

12 novembro

O SEPULTAMENTO DE JESUS

Mateus 27, 57-61

Já era noite quando José, um seguidor de Jesus, foi até o governador Pilatos pedir o corpo do Senhor para sepultá-lo. Pilatos aceitou.

José retirou o corpo de Jesus da cruz, envolveu-o em um lençol de linho, colocou-o em um túmulo aberto em uma rocha e depois fechou a abertura com uma grande pedra. Quando terminou, ele foi embora, pois era sexta-feira e estava para começar o sábado, dia do descanso.

Maria, mãe de Tiago e de José, e Maria Madalena, que haviam assistido à crucificação, acompanharam o sepultamento e viram onde Jesus havia sido colocado. Depois, elas também foram embora.

13 novembro

A GUARDA DO TÚMULO

Mateus 27, 62-66

No sábado, os sacerdotes e os líderes dos judeus foram falar com Pilatos:

– Governador, nós esquecemos um detalhe: quando aquele homem ainda estava vivo, anunciou por todos os lugares que ressuscitaria em três dias. Para que seus discípulos não peguem o corpo dele e depois saiam dizendo que Jesus ressuscitou, precisamos que haja soldados guardando o túmulo pelo menos por alguns dias.

Pilatos ouviu tudo e concordou dizendo:

– Levem alguns soldados com vocês e vigiem o túmulo da melhor forma que puderem.

Os líderes assim fizeram, e os soldados vigiaram o túmulo de Jesus.

14 novembro

A RESSURREIÇÃO DE JESUS

Mateus 28, 1-10

Maria e Maria Madalena foram até o local onde o corpo de Jesus estava. Ao chegarem, elas viram que a pedra que guardava o túmulo havia sido removida. Havia um anjo sentado sobre a pedra, que disse:

– Por que vocês procuram entre os mortos aquele que está vivo? Jesus ressuscitou! Vão para a Galileia, pois lá vocês encontrarão Cristo ressuscitado.

As mulheres foram embora assustadas, mas felizes com a notícia. No caminho, Jesus apareceu para elas. As mulheres ficaram muito felizes e o abraçaram e adoraram.

15 novembro

O BOATO DOS SOLDADOS

Mateus 28, 11-15

Depois que o anjo apareceu, removeu a pedra e deu a grande notícia às mulheres, os soldados que vigiavam o túmulo fugiram e foram contar aos grandes líderes o que havia acontecido. Então, os chefes e os líderes planejaram o que fariam e disseram aos soldados:

– Nós pagaremos muito bem para vocês dizerem que foram os discípulos de Jesus que retiraram o corpo do túmulo enquanto vocês dormiam. Se Pilatos souber disso, acreditará que foi realmente o que aconteceu.

Os soldados aceitaram o dinheiro e espalharam o boato que haviam combinado.

16 novembro

NO CAMINHO DE EMAÚS

Lucas 24, 13-35

No dia em que Jesus ressuscitou, dois discípulos estavam a caminho de Emaús, povoado próximo a Jerusalém. Enquanto conversavam a respeito dos últimos acontecimentos, Jesus apareceu e começou a caminhar junto deles. Eles não o reconheceram.

Já próximos do povoado de Emaús, os dois discípulos insistiram para que Jesus ficasse por lá, pois era muito tarde para seguir viagem. Quando estavam à mesa para comer, Jesus pegou o pão, agradeceu, partiu-o e deu a eles. Naquele momento, perceberam que aquele homem era Jesus, mas Ele logo desapareceu. Os dois discípulos ficaram felizes e foram a Jerusalém contar que o Senhor realmente havia ressuscitado!

17 novembro

JESUS APARECE AOS DISCÍPULOS

João 20, 19-22

No dia em que Jesus morreu, os discípulos estavam reunidos de portas trancadas com medo dos líderes judeus. Então, Jesus apareceu, ficou no meio deles e disse:

– Que todos vocês estejam em paz.

Em seguida, mostrou-lhes Suas feridas e os discípulos ficaram contentes ao verem o Mestre novamente. Então, Jesus falou mais uma vez:

– Que todos vocês estejam em paz. Assim como o Pai me enviou, eu também envio vocês. Recebam o Espírito Santo.

18 novembro

A APARIÇÃO DE JESUS A TOMÉ

João 20, 24-29

Quando Jesus apareceu aos discípulos, Tomé não estava junto, mas eles lhe contaram sobre a visita de Jesus. Então, Tomé disse que só acreditaria vendo.

Depois de uma semana, todos os discípulos reuniram-se novamente. Quando menos esperavam, Jesus apareceu e disse a Tomé para olhar com seus próprios olhos as marcas dos pregos em Suas mãos, e tocar Suas feridas. E, assim, Tomé viu que Jesus tinha mesmo ressuscitado.

Então Jesus falou:

– Felizes são as pessoas que não viram, mas acreditaram.

19 novembro

JESUS APARECE NOVAMENTE

João 21, 1-14

Era noite e alguns discípulos foram pescar no Lago da Galileia, mas eles não pescaram nada. De manhã, Jesus apareceu na praia, mas eles não o reconheceram. Então, Ele se aproximou e perguntou:

– Vocês conseguiram pescar?

Os discípulos disseram que não. E Jesus afirmou:

– Se jogarem as redes do lado direito do barco, vocês encontrarão muitos peixes.

Os discípulos assim fizeram e, no mesmo instante, a rede ficou repleta de peixes. Um deles disse:

– Aquele homem é Jesus, o Mestre!

Em seguida, os discípulos voltaram com todos os peixes que conseguiram e avistaram uma fogueira e alguns peixes e pães. Jesus disse:

– Tragam mais peixes e venham comer.

Então, sentaram-se ao lado de Jesus, que repartiu os peixes e os pães entre eles.

20 novembro

A SUBIDA AO CÉU
Lucas 24, 50-53

Depois que Jesus se reuniu com os discípulos, Ele os levou a um lugar chamado Betânia. Lá, abençoou-os e, em seguida, subiu aos Céus. Uma nuvem cobriu Jesus, e eles não o viram mais. Enquanto eles olhavam, dois homens apareceram e disseram:

– Por que vocês estão olhando para o céu? Esse Jesus que subiu ao Céu virá novamente da mesma maneira.

Então, os discípulos voltaram para a Galileia e louvaram a Deus no templo.

21 novembro

A ESCOLHA DE MATIAS

Atos 1, 12-26

Depois que Jesus subiu aos Céus, os discípulos voltaram a Jerusalém. Eles sempre se reuniam com outros seguidores de Jesus para orar a Deus e falar da missão de levar a palavra de Deus às pessoas. Porém, eles não eram mais 12 discípulos, e sim 11, pois Judas não pertencia mais ao grupo.

Agora, eles precisavam de mais uma pessoa para continuar o trabalho de Cristo. Havia dois candidatos: José, chamado Barsabás, e Matias. Para escolher conforme a vontade de Deus, os discípulos fizeram uma oração. Em seguida, fizeram um sorteio e o escolhido foi Matias.

22 novembro

A VINDA DO ESPÍRITO SANTO

Atos 2, 1-47

Era o dia de Pentecostes e os discípulos estavam reunidos. De repente, ouviram um barulho muito forte, como o de um vento, que preencheu a casa toda. Em seguida, apareceram chamas de fogo na cabeça dos discípulos. Era o Espírito Santo, e todos começaram a falar sobre a palavra de Deus em diversas línguas.

O Espírito Santo encheu Pedro de coragem, e ele começou a contar as maravilhas que Jesus tinha feito na Terra. Pedro também disse que Jesus queria que as pessoas acreditassem Nele e se arrependessem das coisas erradas. Muitos acreditaram e passaram a seguir Cristo.

23 novembro

A CURA DE UM COXO

Atos 3, 1-10

Certo dia, os discípulos Pedro e João estavam a caminho do templo quando um homem coxo, que ficava sentado perto do templo, pediu esmola a eles. Então, Pedro respondeu:

– Não temos dinheiro, mas lhe darei o que tenho. Em nome de Jesus Cristo, eu lhe digo: levante-se e ande!

Pedro ajudou o homem, que começou a andar e a dar pulos de alegria. Muitas pessoas viram o que tinha acontecido e ficaram admiradas.

24 novembro

PEDRO E JOÃO DIANTE DO CONSELHO SUPERIOR

Atos 4, 1-22

O Conselho Superior, composto de líderes judeus, soube o que havia acontecido com o homem aleijado e ficou furioso por existirem pessoas que falavam bem de Jesus. Então, mandou chamar João e Pedro. Ao chegarem, os sacerdotes perguntaram:

– Com que poder e em nome de quem vocês fizeram uma cura?

– Aquele homem foi curado em nome de Jesus Cristo, que foi crucificado, mas ressuscitou no terceiro dia – Pedro respondeu.

Os membros do Conselho sabiam que muitas pessoas estavam ao lado de João e Pedro e que não podiam fazer nada contra eles, então os ameaçaram. Mesmo assim, Pedro e João continuaram pregando a mensagem de Cristo.

25 novembro

MILAGRES E MARAVILHAS

Atos 5, 12-16

Os discípulos também curavam muitos doentes. Essa era uma forma de provar que Jesus era o Salvador e amava as pessoas. Muita gente atraída pela cura não tinha coragem de fazer parte do grupo de seguidores de Cristo, mas sempre falava bem dos discípulos. Com isso, o número dos que tinham fé em Jesus aumentava.

Por causa dos diversos milagres, algumas pessoas deixavam seus parentes e amigos nas ruas com a esperança de que Pedro aparecesse para curá-los. Outras vinham de cidades e povoados próximos para conseguir a cura e todas saravam, graças ao poder que Jesus deixara aos seus discípulos.

26 novembro

OS APÓSTOLOS SÃO PERSEGUIDOS

Atos 5, 17-42

Os sacerdotes prenderam os discípulos. À noite, um anjo do Senhor os libertou e disse-lhes para irem ao templo pregar a palavra de Deus. E assim eles fizeram. Ao amanhecer, as autoridades mandaram buscar os presos, mas não havia ninguém lá. Os chefes dos sacerdotes ficaram espantados, e um deles disse que os discípulos estavam no templo pregando ao povo.

Imediatamente, mandaram trazê-los. Ao chegarem, muitos queriam matá-los, mas um dos chefes não permitiu, por temer a revolta do povo. Então, eles os chicotearam e ameaçaram para não pregarem mais sobre Jesus. Porém, todos os dias, os discípulos continuavam ensinando a palavra de Deus em todos os lugares.

27 novembro

OS AUXILIARES DOS DISCÍPULOS

Atos 6, 1-7

A cada dia, mais pessoas acreditavam em Deus e, por isso, os discípulos não tinham tempo de cuidar de tudo. Então, pediram ao povo que escolhesse algumas pessoas de confiança para ajudarem em uma tarefa muito importante: dividir o dinheiro de acordo com as necessidades das famílias. As pessoas escolheram um homem muito bom chamado Estêvão, que amava a Deus e era fiel, e mais seis homens. Depois disso, a palavra de Deus foi anunciada para mais e mais pessoas.

28 novembro

ESTÊVÃO

Atos 6, 8-15

As pessoas sentiam inveja de Estêvão e sempre procuravam uma forma de acusá-lo injustamente. Deus estava com ele e dava-lhe sabedoria para defender-se da melhor forma.

Aqueles que não gostavam de Estêvão eram tão maus que pagaram alguém para falar mentiras sobre ele. Assim, tudo o que os mestres da lei ouviam já era motivo para prendê-lo. Certa vez, levaram Estêvão à força ao Conselho Superior. Lá, também havia homens pagos para dizerem mais mentiras a seu respeito.

Quando perguntaram a Estêvão se aquilo que diziam era verdade, ele se defendeu falando sobre Deus.

Com raiva de Estêvão, os mestres da lei o expulsaram da cidade. Ele foi apedrejado, mas, antes de morrer, clamou a Deus, dizendo:

– Senhor, não castigue essas pessoas.

29 novembro

SAULO PERSEGUE A IGREJA

Atos 8, 1-3

Saulo não acreditava em Jesus e, no mesmo dia da morte de Estêvão, muitas pessoas que acreditavam no Senhor começaram a ser perseguidas. Por esse motivo, o povo espalhou-se por várias regiões.

Mesmo assim, Saulo perseguia os cristãos e destruía as igrejas. Ele ia de casa em casa perseguindo homens e mulheres e arrastando-os para a prisão.

30 novembro

O EVANGELHO EM SAMARIA

Atos 8, 4-25

Dentre as pessoas que se espalharam pelas regiões da Judeia, havia um homem chamado Filipe. Ele foi até Samaria falar ao povo sobre Cristo. Muitos acreditavam no que ele dizia e em suas curas.

Em Samaria, morava um homem chamado Simão que dizia também ter poderes. Ao ouvir a mensagem da salvação, Simão acreditou em Filipe e passou a acompanhá-lo de perto. Naquele dia, um grande número de pessoas foi batizado e passou a ser seguidor de Cristo.

Pedro e João também foram a Samaria, e voltaram depois de terem dado os seus testemunhos. Durante o caminho, eles pregaram a palavra de Deus.

01 dezembro

FILIPE E O ALTO FUNCIONÁRIO DA ETIÓPIA

Atos 8, 26-40

Um anjo do senhor disse a Filipe, discípulo de Jesus, que ele deveria ir ao sul por um caminho pouco usado pelos viajantes.

Passando por ali, Filipe avistou uma bela carruagem com um importante funcionário da rainha, que tinha ido a Jerusalém adorar e louvar a Deus.

Guiado pelo Espírito Santo, Filipe chegou bem perto da carruagem e, ao perceber que o funcionário estava lendo as Escrituras, perguntou se ele conseguia entender o que estava escrito. Educadamente, o homem respondeu que não, e que precisava de alguém para lhe explicar.

Filipe explicou a passagem que o homem estava lendo, que se referia a Jesus, e contou todo o sofrimento Dele para salvar as pessoas. Em seguida, encontraram um lugar onde havia água, e o funcionário pediu para ser batizado, pois acreditava em Jesus.

Depois do batismo, Filipe sumiu e o homem seguiu feliz sua viagem. Filipe reapareceu na cidade de Azoto, onde continuou anunciando a mensagem de Deus.

02 dezembro

A CONVERSÃO DE SAULO

Atos 9, 1-9

Para poder prender mais cristãos, Saulo foi até o grande sacerdote e pediu uma carta que lhe desse poderes. Assim que a conseguiu, foi à região de Damasco. De repente, surgiu no caminho uma luz muito forte do céu.

– Saulo, Saulo, por que você me persegue?

Saulo perguntou quem estava falando.

– Eu sou Jesus. Levante-se, vá até Damasco e lá saberá o que fazer.

Quando abriu os olhos, Saulo não enxergava mais e precisou de ajuda para chegar a Damasco.

03 dezembro

SAULO E ANANIAS

Atos 9, 10-19

Na cidade de Damasco, havia um homem que acreditava em Deus e se chamava Ananias. Ele teve uma visão de Jesus, que disse:

– Ananias, vá até a casa de Judas e procure um homem da cidade de Tarso chamado Saulo.

– Senhor, esse homem persegue e prende as pessoas que creem em Ti. Ele veio a Damasco para fazer o mesmo com a gente – respondeu Ananias.

– Vá, Ananias, pois escolhi esse homem para anunciar a palavra de Deus a muitas pessoas – falou Jesus.

Ananias foi até Saulo e, com o poder de Cristo, colocou as mãos sobre os olhos dele e o fez enxergar novamente. Depois disso, Saulo foi batizado.

04 dezembro

SAULO EM DAMASCO

Atos 9, 19-25

Depois que Jesus falou com Saulo, ele se arrependeu do que havia feito, acreditou no Senhor e se tornou Seu seguidor. Durante o tempo em que permaneceu em Damasco, Saulo anunciou que Jesus era o Filho de Deus, mas as pessoas se perguntavam: "Esse não é o homem que maltratava os cristãos e veio para levar as pessoas aos sacerdotes?".

Saulo continuava pregando a palavra de Deus e a cada dia tinha mais argumentos. Muitos não gostaram dessa mudança e resolveram matá-lo. Os portões da cidade passaram a ser vigiados dia e noite. Certa noite, os amigos de Saulo o colocaram em um cesto, desceram-no por um buraco que havia na muralha, e ele pôde sair da cidade a salvo.

05 dezembro

SAULO EM JERUSALÉM

Atos 9, 26-31

Saulo foi para Jerusalém com a intenção de juntar-se aos seguidores de Jesus para anunciar o Evangelho. Mas muitas pessoas não acreditavam que agora ele era um seguidor de Cristo e o temiam.

Porém, um homem chamado Barnabé resolveu ajudá-lo. Então, apresentou-o aos discípulos e contou o que havia acontecido com ele na viagem para Damasco e como se arrependera e passara a pregar corajosamente a palavra de Deus.

Os discípulos acolheram Saulo, que passou a anunciar a mensagem de Deus em Jerusalém junto com eles.

Quando os amigos de Saulo souberam que ainda queriam matá-lo, levaram-no para Tarso.

06 dezembro

NA CIDADE DE LIDA

Atos 9, 32-35

Certa vez, Pedro resolveu visitar a cidade de Lida, onde muitas pessoas já acreditavam em Jesus. Lá, havia um homem chamado Eneias, que era paralítico fazia alguns anos. Então, quando Pedro o encontrou, disse:

— Levante-se e vá para casa, pois Cristo já o curou.

No mesmo instante, ele se levantou, e todos os moradores que viram o milagre ficaram espantados e passaram a crer em Jesus.

07 dezembro

PEDRO EM JOPE

Atos 9, 36-43

Na cidade de Jope, vivia uma mulher cristã muito bondosa chamada Tabita. Um dia, ela ficou muito doente e morreu.

Quando souberam que Pedro estava perto dali, os discípulos lhe mandaram um recado: "Por favor, venha depressa a Jope".

Então, Pedro foi até a cidade. No quarto de Tabita, muitas pessoas lamentavam o falecimento dela, mas Pedro pediu para todos saírem. Em seguida, orou a Deus, olhou para Tabita e disse:

– Tabita, levante-se.

Imediatamente, ela abriu os olhos e se sentou na cama. Pedro chamou as pessoas para verem Tabita viva novamente. Todos ficaram alegres e admirados. A notícia espalhou-se por toda a cidade e muitas pessoas acreditaram em Jesus. Pedro ficou por lá mais alguns dias, hospedado na casa de um homem chamado Simão.

08 dezembro

CORNÉLIO
Atos 10

Cornélio morava na cidade de Cesareia e era comandante do batalhão italiano. Ele e sua família acreditavam em Deus. Cornélio era um homem bom e gostava de ajudar as pessoas. Certo dia, como de costume, ele estava orando e, de repente, um anjo surgiu e disse para ele ir a Jope, na casa de um homem chamado Simão, buscar Simão Pedro.

Quando os empregados de Cornélio chegaram para buscar Pedro, ele já sabia, pois Deus havia falado com ele por meio de uma visão. A casa de Cornélio estava cheia de pessoas que esperavam pela mensagem de Pedro. Cornélio contou a Pedro sobre o anjo que lhe aparecera. Então, Pedro falou sobre o poder de Deus e o amor que Ele tem por todos. Depois disso, muita gente foi batizada.

09 dezembro

PRISÃO E LIBERTAÇÃO DE PEDRO

Atos 12, 1-19

O rei Herodes perseguia os cristãos e mandava prendê-los. No dia da festa dos pães sem fermento, Pedro foi preso. Para não fugir, ele ficou amarrado em duas correntes e era vigiado por guardas, pois o rei queria apresentá-lo ao povo.

Enquanto todos dormiam, Deus enviou um anjo para libertá-lo. O anjo de Deus disse:

– Pedro, acorde e levante-se!

Imediatamente, as correntes abriram-se. Então, Pedro e o anjo saíram dali. Pedro foi para a casa de Maria, mãe de Marcos.

10 dezembro

BARNABÉ E SAULO EM CHIPRE

Atos 13, 4-12

Saulo (também chamado Paulo) e Barnabé foram enviados pelo Espírito Santo para uma obra em Chipre. João Marcos ajudava os dois no trabalho missionário. Eles passaram por vários povoados até chegarem a Pafos, onde morava o governador, que queria ouvir a palavra de Deus. Porém, lá também morava um homem chamado Elimas que não acreditava em Jesus, e não queria que o governador ouvisse a mensagem. Quando Paulo soube disso, foi até Elimas e disse que, por ele ser mau, ficaria sem enxergar por algum tempo.

O governador presenciou tudo e ficou muito espantado, mas acreditou em Deus e nos ensinamentos de Paulo e de seus companheiros.

347

11 dezembro

PAULO EM ANTIOQUIA DA PISÍDIA

Atos 13, 13-52

Ao chegar a Perge, Paulo e os outros discípulos foram à sinagoga. Os chefes souberam e pediram a Paulo para dizer alguma mensagem que animasse o povo.

Paulo começou a falar sobre Deus e Jesus. Quando ele e Barnabé já estavam de partida, muitas pessoas pediram para que voltassem. No sábado seguinte, Paulo pregou mais uma vez e quase todos os moradores compareceram. Porém, muitos não acreditavam e passaram a persegui-los, expulsando-os.

Então, Paulo e Barnabé sacudiram o pó de suas sandálias e partiram para Icônio.

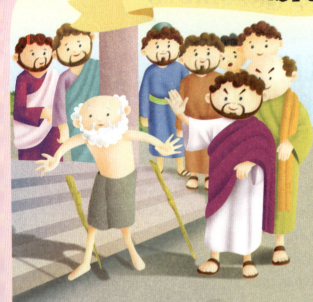

12 dezembro

EM ICÔNIO, LISTRA E DERBE

Atos 14, 1-20

Em Icônio, alguns não creram no que Paulo e Barnabé pregavam, e os perseguiram. Então eles fugiram para outras cidades.

Em Listra, Paulo soube de um homem aleijado que acreditava na palavra de Deus. Então, foi até ele e disse:

– Levante-se e ande! Você foi curado.

As pessoas ao redor ficaram admiradas e acharam que Paulo e Barnabé eram deuses. Paulo disse que eles eram apenas seres humanos e que quem curava as pessoas era Deus por intermédio deles.

Mesmo assim, muitos não se convenceram e apedrejaram Paulo. Pensando que ele estivesse morto, levaram-no para fora da cidade. A multidão se surpreendeu quando Paulo se levantou, voltou para a cidade e passou mais uma noite lá. No dia seguinte, Paulo e Barnabé foram para Derbe.

13 dezembro

A VOLTA PARA A ANTIOQUIA DA SÍRIA

Atos 14, 21-28

Depois de anunciarem o Evangelho em Derbe, Paulo e Barnabé voltaram para Listra, Icônio e Antioquia. Para cada lugar aonde iam, procuravam alegrar as pessoas e dar-lhes coragem.

Eles pregaram o Evangelho em Perge e Atália, e depois partiram de navio para Antioquia da Síria, onde se reuniram com as pessoas da igreja. Lá, conversaram a respeito das viagens e de todo o trabalho que haviam feito para evangelizar as pessoas, e ficaram algum tempo na cidade com os seguidores de Cristo. Esses lugares por onde Paulo viajou fizeram parte de sua primeira viagem missionária.

14 dezembro

A SEGUNDA VIAGEM MISSIONÁRIA DE PAULO

Atos 15, 36-41; 16, 1-5

Depois de algum tempo, Paulo sentiu vontade de fazer uma segunda viagem missionária, para que mais pessoas conhecessem a história de Jesus e também para retornar às cidades e saber como andavam os seguidores.

Após uma desavença entre Paulo e Barnabé, eles se afastaram. Barnabé ficou com Marcos e foi para a ilha de Chipre. Então, Paulo chamou Silas e os dois seguiram viagem a vários lugares, como Síria e a região da Cilícia, visitando as igrejas.

Visitaram as cidades de Derbe e Listra, e nesta última havia um rapaz que se chamava Timóteo, e ele era muito dedicado e fiel a Deus. Todos da vizinhança gostavam muito dele, e isso levou Paulo a chamá-lo à vida missionária. Então, Paulo e Timóteo saíram para várias regiões pregando o Evangelho.

15 dezembro

A CONVERSÃO DE LÍDIA EM FILIPOS

Atos 16, 9-15

Paulo e Silas seguiram para Filipos, na região da Macedônia, depois de uma visão que lhes dizia que as pessoas daquele lugar precisavam de ajuda.

Ao chegarem, foram para a beira do rio e conversaram com algumas mulheres. Dentre elas, havia uma vendedora de tecidos chamada Lídia. Deus lhe abriu o coração para que ela entendesse a mensagem de Paulo. Assim, ela e as pessoas de sua casa foram batizadas, passaram a crer em Cristo e a ser Suas seguidoras. Como prova disso, ela convidou Paulo e Silas para hospedarem-se em sua casa.

16 dezembro

PAULO E SILAS SÃO PRESOS

Atos 16, 16-40

Em Filipos, havia uma jovem que estava com um mau espírito e conseguia adivinhar o futuro das pessoas, fazendo seus senhores ganharem muito dinheiro. Quando Paulo e Silas viram isso, curaram a moça, mas assim que os senhores souberam, ficaram com raiva. Então, acusaram os dois de estarem contra a lei.

Paulo e Silas foram presos e, à noite, enquanto oravam, o chão da cadeia tremeu, as paredes ficaram abaladas e as correntes que os prendiam se soltaram. O guarda acordou assustado, mas Paulo o acalmou. O carcereiro agradeceu e, como sabia sobre os ensinamentos de Paulo, perguntou-lhe:

– O que devo fazer para ser salvo?

Paulo respondeu que ele precisava acreditar em Jesus como o seu Salvador. Depois, Paulo e Silas anunciaram a mensagem aos familiares do guarda e todos foram batizados.

17 dezembro

EM TESSALÔNICA E BEREIA

Atos 17, 1-15

Em Tessalônica, Paulo e Silas visitaram uma sinagoga. Lá, eles oraram e anunciaram a mensagem de Deus. Algumas pessoas se convenceram de seus ensinamentos, outras não acreditaram e maltrataram os missionários, causando confusão.

Mais tarde, Paulo e Silas foram para Bereia, onde as pessoas eram mais gentis. Mas quando o povo de Tessalônica soube disso, revoltou-se e foi até lá provocar as pessoas contra os missionários. Então, Paulo foi para Atenas. Timóteo e Silas permaneceram em Bereia, mas logo Paulo pediu para que fossem encontrá-lo.

18 dezembro

A VIAGEM PARA ATENAS, CORINTO E ANTIOQUIA

Atos 17, 16-34; 18, 1-22

Em Atenas, muitas pessoas riram ao ouvirem Paulo falar de Jesus, mas outros se interessaram pelo assunto. Após Silas e Timóteo chegarem da Macedônia, Paulo dedicou-se somente a anunciar o Evangelho.

Algumas pessoas não aprovavam, por isso Paulo saiu daquela cidade e foi morar com um homem chamado Tito Justo, em Corinto.

Uma noite, enquanto as pessoas dormiam, Paulo teve uma visão de Deus, que dizia para ele continuar espalhando a Sua palavra, pois mal nenhum lhe aconteceria.

Assim, Paulo ficou em Corinto por volta de um ano e meio.

Durante esse tempo, sofreu algumas provocações, principalmente quando Gálio se tornou governador.

Depois, Paulo ficou um tempo em Éfeso, foi para Jerusalém e depois, Antioquia da Síria.

19 dezembro

APOLO EM ÉFESO

Atos 18, 23-28

A volta de Paulo para a Antioquia da Síria finalizou sua segunda grande viagem missionária. Mas logo Paulo deu início à sua terceira e última viagem.

Apolo, nascido em Alexandria, chegou a Éfeso. Ele era muito inteligente, acreditava na palavra de Deus e anunciava Sua mensagem com alegria. Quando decidiu ir à província de Acaia, os cristãos escreveram uma carta para que o recebessem. Ao chegar, Apolo pregou para as pessoas que não acreditavam em Jesus, depois seguiu viagem para Corinto.

20 dezembro

PAULO EM ÉFESO

Atos 19; 20, 1-6

Enquanto Apolo estava em Corinto, Paulo chegou a Éfeso, onde encontrou pessoas com dúvidas sobre o batismo, com maus espíritos que prejudicavam a vida dos irmãos e buscando a cura de enfermidades. Paulo procurou atender a todos e os consolar.

Antes de partir para Jerusalém, ele resolveu alguns problemas em Éfeso e foi para a Macedônia. Depois, seguiu para Acaia e lá passou uma mensagem de coragem para muitos. Paulo também queria ir para a Síria, mas soube que algumas pessoas faziam planos para prejudicá-lo e voltou para a Macedônia. Alguns cristãos partiram com Paulo, porém, foram na frente, e depois de alguns dias todos se encontraram em Trôade.

21 dezembro

A QUEDA DE ÊUTICO

Atos 20, 7-16

Paulo reuniu-se com algumas pessoas em uma casa e ficou conversando sobre o trabalho missionário. Na janela da casa, estava sentado um rapaz chamado Êutico. Paulo falou por muito tempo, e o rapaz não aguentou de sono e dormiu. Êutico caiu da janela e todos pensaram que ele estivesse morto. Então, Paulo foi até o rapaz, abraçou-o e disse:

– Acalmem-se! O rapaz está vivo.

Êutico foi levado vivo para casa e todos que viram aquilo ficaram admirados. Então, Paulo e os seus companheiros embarcaram em um navio com destino a Mileto. Paulo queria chegar logo a Jerusalém, por isso permaneceu pouco tempo ali.

22 dezembro

A DESPEDIDA DE PAULO EM MILETO

Atos 20, 17-35

Paulo já sabia que não voltaria mais a Mileto, por isso, pediu que chamassem os líderes das igrejas de Éfeso e lhes disse:

– Meus irmãos, vocês sabem de todo o trabalho que procurei fazer para que as pessoas se arrependessem de seus pecados e acreditassem em Jesus como o único Salvador. Isso foi muito difícil, pois muitos estavam contra mim. Agora, vou para Jerusalém a fim de cumprir a missão que Jesus me deixou: anunciar a palavra de Deus.

Paulo falou ainda muitas outras coisas, e terminou a mensagem dizendo:

– Lembrem-se das palavras do Senhor Jesus: "É mais feliz quem dá do que quem recebe".

23 dezembro

PAULO VAI PARA JERUSALÉM
Atos 21, 1-15

Em Jerusalém, Paulo passou por diversos lugares, visitou os cristãos e reuniu-se com discípulos para orar e louvar a Deus. Ele também foi a Tiro e depois para a cidade de Cesareia, onde visitou Filipe, um dos sete homens escolhidos em Jerusalém.

Enquanto ele estava na casa de Filipe, um homem chamado Ágabo aproximou-se de Paulo, pegou o cinto deste e disse:

– O dono deste cinto será amarrado nas mãos e nos pés.

Ao ouvirem isso, os companheiros de Paulo ficaram muito assustados e pediram para ele não ir a Jerusalém. Mas Paulo sabia que Deus tinha planos para ele. Então, depois de passarem alguns dias com Filipe, todos seguiram viagem.

24 dezembro

A VISITA DE PAULO

Atos 21, 16-40; 22, 1-29

Ao chegarem a Jerusalém, os irmãos e amigos receberam Paulo com muita alegria, e logo ele foi visitar Tiago.

Quando Paulo estava no templo, as pessoas que não gostavam dele formaram uma verdadeira confusão na cidade. Para acalmar o povo, o comandante romano enviou oficiais e soldados e, então, as pessoas pararam de maltratar o missionário. Mas a multidão gritava muito e o comandante não entendia qual era o crime de Paulo, por isso ordenou que o prendessem.

Mas, ao saber que Paulo era romano, o comandante ficou com medo e não quis castigá-lo, e procurou saber por que o acusavam.

25 dezembro

DIANTE DO CONSELHO SUPERIOR

Atos 22, 30; 23, 1-35

O comandante reuniu-se com todo o Conselho Superior e os sacerdotes. Depois, ordenou que trouxessem Paulo e fizeram-lhe muitas perguntas.

A confusão entre os membros do Conselho era tanta que o comandante pediu para levarem Paulo de volta à prisão.

Enquanto isso, algumas pessoas desejavam matá-lo, mas o sobrinho dele ouviu e foi contar ao comandante.

Ao saber disso, o chefe escreveu ao governador Félix, de Cesareia, para contar o que estava acontecendo, e enviou Paulo com a carta.

Para a segurança do missionário, o comandante ordenou que sua guarda fosse com ele.

Ao chegarem lá, Paulo ficou preso até que seus acusadores aparecessem.

26 dezembro

A DEFESA DE PAULO

Atos 24, 10-27; 25, 1-27; 26, 1-32

Muitas pessoas e autoridades acusaram Paulo de ser mentiroso e estar causando mal ao povo, e o missionário sempre se defendia com a palavra de Deus como um forte argumento. Além do grande sacerdote Ananias, Paulo defendeu-se diante do governador Félix. Passados dois anos, Paulo defendeu-se perante Festo, sucessor de Félix, que, depois de escutar a defesa de Paulo, disse às autoridades que não havia crime contra o acusado. Paulo, que era um cidadão romano, pediu para ser julgado pelo imperador.

Paulo também se defendeu diante do rei Agripa, e este percebeu que Paulo não tinha cometido nenhum crime para estar preso. Depois disso, Festo enviou Paulo para Roma.

27 dezembro

PAULO VAI A ROMA

Atos 27, 1-12

Paulo seria julgado em Roma pelo imperador Júlio César. Ele e outros presos seriam levados de navio até a Itália, passando antes por várias outras cidades.

O vento estava atrapalhando a viagem, por isso foram devagar durante vários dias. Porém, com o inverno se aproximando, era muito perigoso prosseguir e Paulo tentou avisar:

– Nossa viagem será perigosa. Se não tomarmos cuidado, vamos ter muitos prejuízos.

Mas o oficial não quis acreditar no que Paulo dizia e foi em frente.

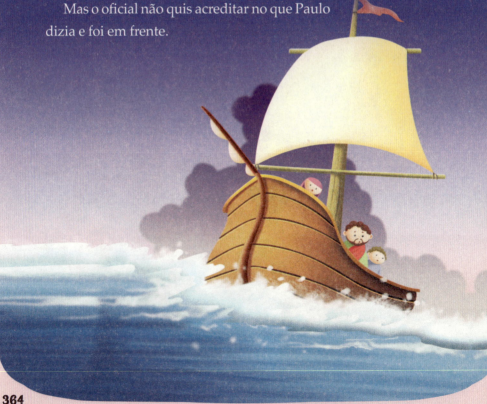

28 dezembro

A TEMPESTADE NO MAR

Atos 27, 13-44

Quando estavam a caminho da Itália, um forte vento atingiu o navio e, durante muitos dias, houve grandes tempestades.

– Estamos nessa situação porque vocês não me deram ouvidos. Deveríamos ter ficado em Creta. Deus nos disse que o navio será destruído, mas todos se salvarão.

Quando as águas voltaram a se acalmar, eles se aproximaram de uma praia. O navio ficou encalhado na areia. Quem sabia nadar pulou na água e foi até a praia, enquanto os outros se agarraram em tábuas. Depois que todos saíram, uma forte onda destruiu o navio. Mas, graças à bondade de Deus, todos chegaram à ilha em segurança.

365

29 dezembro

PAULO EM MALTA

Atos 28, 1-15

Os sobreviventes foram muito bem recebidos em Malta. Para se protegerem do frio, fizeram uma fogueira. Enquanto Paulo pegava gravetos para manter o fogo aceso, uma cobra atacou sua mão. As pessoas ao redor tinham certeza de que Paulo morreria, pois aquela mordida era fatal, mas ele lançou o animal na fogueira e não sofreu mal algum. Muitos, então, passaram a dizer que Paulo era um deus.

Enquanto esteve em Malta, Paulo orou por muitos enfermos, que foram curados. Entre eles havia até mesmo o pai de Públio, o chefe da ilha. Depois de receberem dos habitantes tudo o que precisariam para seguir viagem, Paulo e os tripulantes passaram por Siracusa, Régio e Putéoli até chegarem a Roma.

30 dezembro

EM ROMA

Atos 28, 16-31

Ao chegar a Roma, os companheiros de Paulo receberam-no com alegria, e ele ficou feliz e agradecido a Deus. Logo, os prisioneiros foram entregues às autoridades romanas. Paulo conseguiu permissão para alugar uma casa. Ele morou ali enquanto um guarda o vigiava. Ficou em Roma por dois anos e recebia muita gente em casa, anunciando a mensagem de Deus.

Paulo escreveu cartas a várias igrejas e a algumas pessoas: à igreja de Tessalônica, à igreja de Corinto, aos romanos, gálatas, efésios, filipenses, colossenses, ao jovem pastor Timóteo, a Tito e a Filemom.

31 dezembro

HINO AO AMOR CRISTÃO

I Coríntios 13, 1-13

O apóstolo Paulo escreveu muitas cartas às igrejas, dentre elas, uma para a igreja de Corinto falando a respeito do amor cristão.

Na carta, ele dizia que mesmo que as pessoas falassem várias línguas na Terra e até no Céu, sem o amor nada adiantaria. Mesmo que tivessem o dom de anunciar a mensagem de Deus, o conhecimento e uma fé que movesse até montanhas, sem o amor nada adiantaria. Ainda que fossem distribuídos todos os bens e dada a vida em sacrifício, sem o amor nada adiantaria. Isso porque o amor é paciente e bondoso, não é ciumento nem orgulhoso. Tudo acabará em pouco tempo, mas o amor é eterno. O hino terminou com o trecho: "Existem estas três coisas: a fé, a esperança e o amor, porém, a maior delas é o amor".